寻城记·重庆
Looking for ... In Cities ChongQing
一座熟悉的陌生城市

田飞 黄波 李七渝 李果 著

商务印书馆
The Commercial Press

缘起　陌生的城市/1

卷首语　城外恶浪，城内山/3

　　　　重山重水重庆城/6

九开八闭十七门/1

朝天门——古渝雄关大码头/2

东水门——古渡通津，八省会馆/4

太安门——一坡缆车，一坡梯/8

太平门——衙署丛集，市廛最盛处/14

储奇门——药材码头草药香/18

金紫门——镇台衙门，驻军之地/24

南纪门——涌出涌进菜蔬市/26

通远门——陆路雄关，亘古沙场/32

巴江四城门——恃要凭险，逶迤雄峙/38

江之北，城之屏/43

保定门——土石烟草间的江北古城门/44

东升门——昔日迎晖门，今日阴湿地/48

问津门——棚房毗连水码头/50

白塔——川江行船的终点/52

江北墟中寻——最后的江北老宅/56

测候亭——西南最早的官办气象观测站/58

江北古牌楼——石坊重重，江北古驿道/60

多功城——宋元风云，烽火石头城/64

依山望水香烟袅/71

罗汉寺——千年西湖水，宋代古摩崖/72
东华观——六百年藏经楼/76
关帝庙——尘嚣间的武圣大庙/80
涂山寺——千古禹王庙，涂后化身石/82
大佛寺——元末大夏皇帝像/84
南岸三塔——三塔不见面/90
老君洞——黄桷古道上的明代摩崖/94
慈云寺——僧尼合庙，中西合璧/98

渝州城杂迹/103

巴蔓子墓——刎首存城，巴之忠烈/104
巴县衙门——昔日衙署丛集地/106
白象街——华洋杂处，兴繁之极/112
佛图关——陆路要隘，巴山夜雨寺/118
七牌坊——碑坊林立古驿路/122
菩提金刚塔——塔镇古坟场，以抚亡魂/128
三八街——最后的石库门/132
骆家花园——书香福地状元府/136
谢家大院——昔时雕花楼，今日大杂院/140
礼园——西南首富，百年石屋/146
刘家花园——雕镂工丽的清末大宅/150
聚兴诚银行——无聚不成行/156
打铜街——昔日铜铁铺，战时华尔街/160
新华路——摩天大楼降火魔/164
货懋公司——陋巷间的华美洋楼/168
铜元局——百年铸币厂/170
水塔——开重庆自来水之先/174
十八梯——上下半城累死人/176
晋冀鲁豫子弟校——红校往事，延安记忆/180

圣堂之门/183

若瑟堂——藤萝攀缠下的尖顶古堡/184
仁爱堂——荒垣废墟间的法国教区/188
慈母山大修院——修士们的隐修净地/192
仁济医院——百年老院，沧桑逝/198
德肋撒堂——江北废墟间的圣女堂/200

重庆开埠/205

海关巷——万里长江第一关/208
领事巷——陡坡峭崖，西人的栖息地/212
法国领事馆——陋巷间的法兰西风情/216
法国水师兵营——欧式古堡，五彩花牌楼/218
立德乐洋行——重重艰险，首航川江/222
安达森洋行——百年老仓群，国宝藏身处/226
卜内门洋行——江岸古堡，化工巨子/230
周家湾——昔日的洋商栖息地/234
董家桥——市井间的没落贵族/238
英国盐务管理所——小丘上的孤寂老楼/242

西迁，西迁/245

国府机构——扭转战局，迁都西进/246
国民参政会——战时全国最高民意机关/250
第三厅——文宣堡垒，舆论阵地/252
中苏文化协会——文化精英云集之地/254
新华日报——山坳间的报社总部/256
卢作孚——中国船王，铁血西迁/258
裕华纱厂——西迁重庆的汉口第二纱厂/262
重庆大学——名校云集，坝上沧桑/264
江苏医学院——两载三迁，颠沛流离/270
跳伞塔——凌云御风，战鹰的丰碑/274
白骨塔——重庆大轰炸，十二亡灵塔/276
南山使馆群——使节云集，风云起/278

陪都公馆群/285

林园——元首府邸，平民本色/286
黄山——白云出岫，隐居南山/290
上清寺——官邸林立，陪都之中枢/292
枣子岚垭——群英聚首，海纳百川/300
嘉陵新村——峭崖间的重重官邸/304
李子坝——江防驻地，战时住宅区/308
红岩村——瓜果农场到革命圣地/312
歌乐山——密林深深，瓦舍丛集/316
其他公馆旧居/322

我们降生于此，我们在这里开始了我们的人生之旅。

缘起

陌生的城市 _{彭弢}

  城市是记忆，是生活，也可能是回忆，是向往，是一些断断续续的碎片。但她终究是令人熟悉的。城市的地图，城市的标志性符号会深入人心。城市甚至会融入血液，但戏剧性的是有一天你发现这座城市对于你简直太陌生了，带着好奇竟上了瘾似的去找寻这种陌生带来的快感，找寻她你无从知晓的存在。如一次又一次地旅行，不需从长计议，带上自己就出发。就如发现之旅，也有点像考古，总能带给我们一阵阵的狂喜与惊异。时空乱了、时间乱了、线索乱了，我们跌跌撞撞地在陌生的城市中穿行。在收获中锻炼着自己的嗅觉，它似乎已超越常人，异常灵敏，忠实地把我们引向一个又一个新鲜而陌生的地方。

  渐渐，漫无目的的行走已无法满足我们更加深入好奇的怪癖。游戏一旦开始，就无法戛然而止，我们不得不寻根究底。对于我们是陌生，而那些知情的老人们则在我们好奇的追问下打开了记忆的闸门。儿时的记忆、长辈的述说、耳熟能详的故事，从他们顿时发光的眼睛，沉湎于回忆的幸福表情，你能感知。时光竟这样轻易地回到了从前。但对于面前这座城市又是否能留住曾经呢？我们的发现少有是完整的，似人总是充满了伤痛。它们的年岁都挺老的，或被遗弃，或消失，甚至在很短的时间，城市被定格在现在进行时。现在的规划、现在的建设、现在的人，谁会在乎她的曾经呢？她已被书写进了历史，但终究不会存活，如同恐龙化石和标本。这样比喻也许还不准确，化石和标本是带着血脉被固定的。城市在我们的游戏中更加快了变化的步伐，似与我们捉迷藏，我们追赶着却找不着方向。

二〇〇六年八月于成都

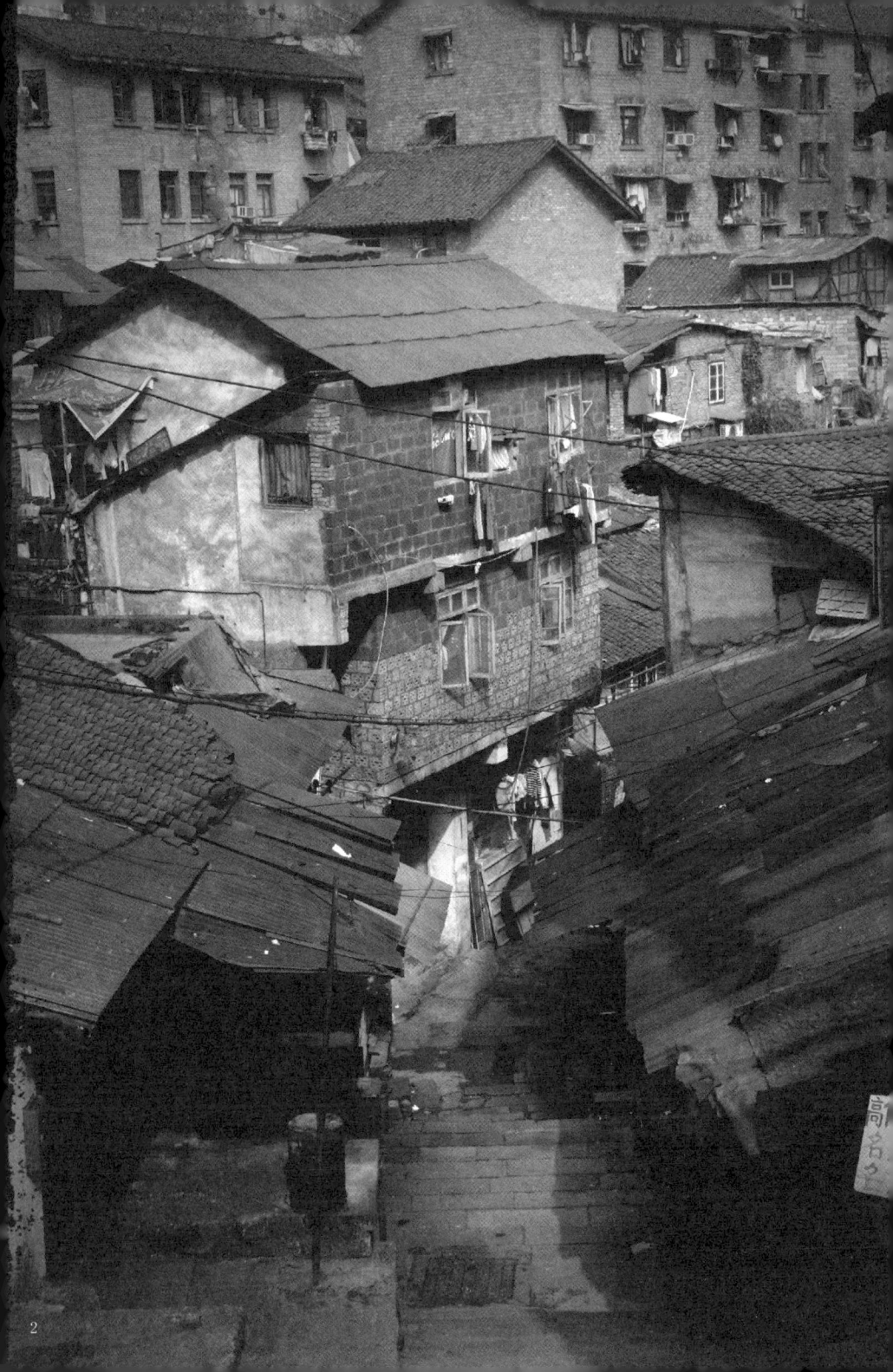

卷首语

城外恶浪，城内山

数千年来，先民们在这片广袤的土地上垒筑起了无数的城池郭邑，这些城池或依幽山而建，或临善水而居，唯独以凶蛮勇锐著称的巴人独独在险山恶水间辟出一座石城来。石城襟带两江，壁垒三面，四塞之险甲天下，俗称"山城"、"江城"。入得城来，石梯堡坎一坡连着一坡。出得城去，等着你的则是云遮雾罩、滩多水急，葬送了无数舟楫船舶的滚滚大江。山崖陡立、恶浪滔滔正是这座城市的相貌。如此相貌的城自无法生出安闲舒适的成都人，也无法生出操着吴侬软语的苏州人，更无法滋养出精明干练、谨小慎微的上海人。无论你来自川蜀、云贵，还是两湖、两广、山陕、江南，只要爬上山城的坡坡坎坎，不出数月，自会入乡随了俗，随着大江陡壁一道生出一股火暴率直来。还是古语说得好，"蜀出相，巴出将"。

重庆，一座找不着北的城市。这里没有东南西北，只有上下左右。没有轴线，只有等高线。当地人一直习惯把重庆老城分为上半城、下半城，还是习惯以老城门的名字定方位。旧时的重庆得地势水利之优，长江、嘉陵二水环绕，三面临江，成一半岛，岛中有大梁子山崖透迤横亘，在东端没入两江交汇处，形成一座立体的山城。城垣蜿蜒起伏凭山而筑，城门炮台就水而立，这是天然造物所赐，也是重庆先民的鬼斧神工所开。

因比邻蜀、楚两地，重庆长期以来常常被纳入巴蜀文化和巴楚文化。尤其是巴蜀之争，全当是重庆人摆脱蜀文化的自我误读和自作多情，其实重庆大可不必忧心自扰。自古以来，巴山渝水形成的巴渝文化早已自成体系，历史悠久且博大精深，具有特殊性和独立性，战争、移民、迁都等历史事件使得城市文化和城市性格呈现多元化，使得重庆山地文化与外来文化的硬接，地域世俗的、中国主流的、西方舶来的在这里碰撞，有同化有异化，也有消化不良的，但都相互包容，雅俗共赏、土洋并存。重庆的大山大水、大智慧越发地不可替代和复制，历史几次戏剧性地把重庆推向了历史舞台，暴露在聚光灯下。

早在先秦时期，川江段就已经形成巴国，东至鱼复（今奉节），西至僰道（今宜宾），北接汉中，南极黔涪。公元前314年秦灭巴国建巴郡，为三十六郡之一。秦惠文王更元九年，张仪率兵入蜀灭巴之后，屯兵江州，筑江州城，是为史载重庆建城之始，建造了最早的山地城池的雏形。西汉时，巴郡属益州，到东汉时期江州城扩展到嘉陵江北岸，称北府城，增设涪陵、巴东两郡。三国时期江州都护李严再次筑城，相传曾试图"凿山成岛"贯通两江，改三面临江的半岛为四周环水的江岛。至隋朝，巴郡先后归属于荆州、益州、巴州、楚州。嘉陵江，古称渝水，隋文帝开皇元年（公元581年），改楚州为渝州，这就是重庆简称渝的来历。唐代延续渝州之称，南宋时期，重庆称恭州，宋孝宗淳熙十六年（公元1189年），皇子赵惇正月封恭王，二月受内禅即帝位，自诩"双重喜庆"，遂将恭州升格命名为"重庆府"。重庆由此得名。

真正第一次把重庆推向中国乃至世界舞台的是宋朝末期蒙古大军率兵南侵，宋端平二年（公元1235年）蒙古军队入川攻陷成都南下，时任四川制置副使兼重庆知府彭大雅赶修防御工事筑重庆城，于淳祐三年（公元1243年）四川制置使兼知重庆府余玠筑钓鱼城屯兵积粮，以抵抗北侵的蒙古大军。1258年，蒙哥、其弟忽必烈和大将兀良合台分三路大举进攻南宋，1259年蒙哥在攻打合州钓鱼城时受伤，死于缙云山下的北温泉。因为重庆的得天独厚的地利优势和英勇善战的重庆军民，把曾经不可一世的蒙古大军拦截在这巴山渝水之外，坚守了36年，是重庆阻止蒙古向亚洲和欧洲扩张而改变了世界的格局和历史。作为军事要地，完整的重庆古城是由明初守城指挥使戴鼎在旧城上重新修建的，城池以"九宫八卦"之象共设十七座城门，九开八闭依山而建，典型的古代山地城池，重庆城规模与格局一直保持了600多年，直到1929年，国民政府首任重庆市长潘文华修马路扩城推倒城门城垣。

得地势水利之优,重庆历来为长江上游重要的物资集散地。多少年来,滚滚的江水带着西南各省的山货土产顺流而下。苏广的布匹棉纱、日用杂货则伴着铿锵有力的川江号子溯江而上汇集于此。正是这些在险恶中讨生活的商贩船工,造就了这座重山恶水间生出的城市。十九世纪末开埠通商,西人的自由贸易也随着一份份条约的签订深入到这座内陆山城。1891年3月1日,被称为"长江上游第一关"的重庆海关正式设立,也就是说重庆成为中国西部第一个开埠通商的城市。

重庆原本是一座远离政治、僻处西陲的边地小城,即便西人的货轮商舶越过了三峡,驶入了川江,直抵山城下的大码头,也未能使这座城市升级为像上海、汉口等那样的国际性大都市。然而"七七"事起,国府、各院、各部委机关、各国使馆机构、各大中学校、各工矿企业纷纷西迁,这是人类历史上最大规模的一次移民,也是最为悲情的一次大迁徙,他不仅仅是人的迁移,物资的运输,而是整个民族文化命脉的延续。于是这座原本偏居中国西南的边地小城,一跃成了战时首都,成为中国、亚洲,乃至世界的政治、军事、经济、文化和外交的中心,一座全世界家喻户晓的国际都市。重庆在一夜之间骤变,壮大而坚强。

多年的再造,今日的山城已没了原般的模样,呈现出的多是一份日新月异的欣欣向荣,高楼林立、高架横亘,书中所记遗构旧迹也逐一转瞬即逝。那些固若金汤的城门洞子,层层叠叠的吊脚木屋,浮华一时的公馆洋楼,以及无数曾喧嚣繁盛的古老街肆,或夷为瓦砾,或挪至他地,纷纷让位于那些新筑的公寓广厦和商业城。然而重庆与生俱来的城市性格却延续了下来。古巴人的刚烈豪迈、好勇重义,码头人的耿直爽朗、热情大方,山城人的吃苦耐劳,以及移民城市的包容大度、乐观豁达……

重山重水重庆城

"城门城门鸡蛋糕，三十六把刀。骑白马，带把刀，走到城门滑一跤。"虽然这首关于老重庆城门的儿歌至今还记忆犹新，但城门在我们的印象中却已慢慢变得模糊，甚至遗忘。城里的人们再也记不清这座老城曾经有过多少座城门？多少座码头？居于何地？号为何名？城门内外又出产何种风物？又于何时消失殆尽？我们关于记忆的断层或许都来自于此。

有人说，重庆的文化源自码头，这话不无道理。因得地势之利，长江、嘉陵二水从西、北两地涌来，在重庆汇为一股，再冲出峡口，向大海奔流而去。这一汇一聚，形成半岛，成就了重庆城。西南各府州山货土产东出三峡，它是集散地；东南沿海舶来品西入内陆，它是首岸重镇。古城的城门城垣沿着半岛依山就水而筑，和码头融为了一体。随着城市的扩建和改造，老码头在无数次的潮涨潮落中慢慢隐去。昔日的古城垣、古城门成了无用的土堆和石墙，甚至是城市进程中的阻碍，人们毫不犹豫地铲平了它们，新筑起宽阔的大道、高耸的楼宇。有幸遗下来的，也随时等待着旧城改造的洗礼。

重庆城有着三千多年的历史。公元前316年，秦国大军挥师南下，顺着蜀王辟出的金牛大道，一举荡平了蜀地，继而再向东进逼，灭了巴国。大夫张仪相继在两地垒土筑城，移民生产，开了两地筑城之始。汉代在重庆设立巴郡，后更名江州。建兴四年(226年)，蜀汉后主刘禅派都护李严扩建江州城，扩建后的江州城南临长江，北达较场口，西抵今大梁子一带，城周十六里。唐代的渝州由南府城(今渝中区下半城)、北府城（江北城）、南坪城（南坪）三镇组成，互成掎角之势，镇锁渝江。南宋末年，蒙古军攻破成都直逼重庆，四川制置副使兼重庆知府彭大雅为抵御蒙军入侵，再次扩建重庆城。其北至嘉陵江边，西至今临江门、通远门一线，所拓城垣较蜀汉江州城大了两倍。

明洪武四年（1371年），重庆卫指挥使戴鼎在原宋城基础上再次拓筑重庆城，应"九宫八卦"之象构筑起十七道城门，以示"金城汤地"。其中八道城门是专供力夫挑两江河水入城的水门，后因城内大小火灾频频发生，人们认为这是水门洞开不能制克火星之故，便将八道水门统统封闭，形成今天所说的"九开八闭十七门"的格局。其中九道开门分别为朝天门、东水门、太平门、储奇门、金紫门、南纪门、通远门、千厮门、临江门。八道闭门分别为翠微门、太安门、人和门、凤凰门、金汤门、定远门、洪崖门、西水门。

九开八闭十七门，门门内外自有一景，或绸缎鲜明，或米粮满仓，或药材飘香，或牛羊成群，总之，一门一风物，一门一故事，正如民谣中所唱：

朝天门，大码头，迎官接圣（开）。翠微门，挂彩缎，五色鲜明（闭）。
千厮门，花包子，白雪如银（开）。洪崖门，广开船，杀鸡敬神（闭）。
临江门，粪码头，肥田有本（开）。太安门，太平仓，积谷利民（闭）。
通远门，锣鼓响，看埋死人（开）。金汤门，木棺材，大小齐整（闭）。
南纪门，菜篮子，涌出涌进（开）。凤凰门，川道拐，牛羊成群（闭）。
储奇门，药材帮，医治百病（开）。金紫门，恰对着，镇台衙门（开）。
太平门，老鼓楼，时辰报准（开）。人和门，火炮响，总爷出巡（闭）。
定远门，较场坝，舞刀弄棍（闭）。福兴门，遛快马，快如腾云（闭）。
东水门，有一个四方古井，正对着真武山，鲤鱼跳龙门（开）

  1927年，重庆设市，潘文华成了重庆的首任市长。为了解决街道狭窄和交通拥挤问题，潘大市长力施新政，拓宽道路，扩建码头，开始了重庆的近代市政建设，大批古老的城垣城门也在此时被拆除殆尽。

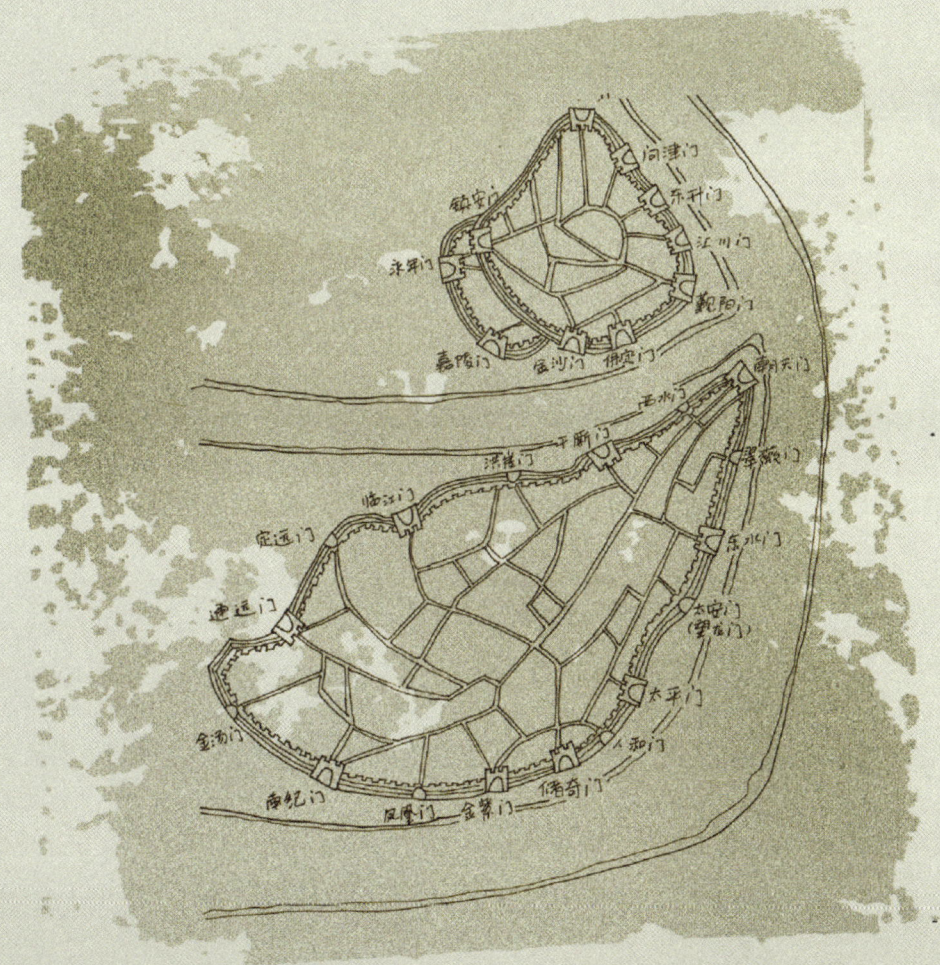

九开八闭十七门

好个重庆城,山高路不平。一叶半岛,两条江,独特的地理地貌和人文特质铸就了一座神奇的古城。自战国秦汉时起,古老的重庆先民就沿江依山筑城,街市以等高线纵向发展,形成城在山中、山在城中的水上城市。重庆城垣凭山就势,蜿蜒盘亘,辟有城门十七道,无东西南北之分,皆以功能而开,道道城门对应水旱码头,穿过城门洞子的是坡坡坎坎的石梯和世世代代的重庆人。门内是山,门外是水。

朝天门·古渝雄关大码头

地址：渝中区朝天门码头　　现状：已无旧痕

旧时上行的商船货舶经长江、过三峡，一路西行，走州过府，行程数千里。每当远远望见耸立于江滩上的朝天门，艄公船夫们便收帆放缆准备靠岸，商民贩夫们此行的终点也就近在眼前了。说到重庆的城门，重庆人第一想到的便是朝天门。朝天门地处长江、嘉陵两水交汇处，襟带两江，壁垒三面。今虽城门不在，但它永远是打开重庆历史的第一道城门。

据记载，朝天门始建于公元前314年，为秦相张仪灭巴后所筑。明洪武四年（1371年），戴鼎扩筑城池，因朝天门所处地势险绝，且历史久远，而将其置于众门之首。朝天门三面临水，一面靠山，自古以来都是重庆最为重要的水上门户，也是十七门中规制最高的一座古城门。城门外置瓮城，内有一坡长梯直通主城门。主城门依山崖而立，门楼高耸，飞檐翼角，气势雄伟。城楼高阁悬有一匾，上正书"古渝雄关"四个大字。时人曾赞道："天生巨石作金城，烟火楼台十里横。守国从来资议险，人和地利试权衡。"入了朝天门，即重庆的第一官街——"接圣街"，今名信义街。再走即"圣旨街"，今新华路北段。早在南宋末年，蒙古大军直逼重庆，作为大宋江山最为重要的防御体系，赵宋天子屡屡有旨意送去。后彭大雅修筑重庆城，专门开了道恭迎皇帝圣旨、天官钦差的朝天门，以及门内的接圣街、圣旨街。并规定民船商舶一律不得停靠朝天门官码头。

随着时间的推移、朝代的更迭，重庆这座边地山城渐又少了天子的垂青，少了钦差，少了圣旨，逐渐又恢复成了繁忙的水驿码头。旧时人们出城门，借嘉陵、长江二水，登船行舟，上行北上可达汉中、甘陕，西行可至泸州、宜宾等川中重镇，再经岷江可抵天府成都。下行可至涪陵、丰都、万县等川江要津，再越瞿塘西陵，东至汉口、安庆、南京等国中大城。朝廷的诏书、进京的奏折、发往各州府署衙的公文，以及百姓商贾间的信函，都由此进行传递，成为"川省第一水码头"。到了清末，近代邮政业取代了旧时的驿路驿站，朝天门水驿码头也逐渐被废。1891年，重庆辟为商埠，专门进行检验征税稽私的重庆海关就设置于此。

1927年，重庆首任市长潘文华为修筑新码头，将朝天门拆除。1949年，那场史无前例的"九二火灾"将朝天门码头烧得仅遗下墙垣城基和一大坡石梯。当然，后世的建更是彻底，唯留有一个古老的地名和一首传唱了数百年的歌谣，"朝天门，大码头，迎官接圣"。

枯水时节，朝天门外露出了大片沙滩，俗称"沙咀"，是人们玩沙、放风筝的好地方。但在旧时，这里却是杀人砍头的血腥刑场，民间有好事者于是又唱道："脸朝河对门，二世为好人，叫你做生意，你要去抢人。"如今的朝天门依然繁忙，不仅沿袭了大码头的地位，同时也成为这座城市最为重要的地标，重庆的起点和终点零公里处。

朝天门,地处长江、嘉陵两水交汇处,襟带两江,壁垒三面。而今虽是城门不在,却仍是打开重庆历史的第一道城门。

东水门·古渡通津，八省会馆

地址：渝中区滨江路，湖广会馆外　　现状：存城门、城垣、湖广会馆等

自朝天门大码头泊舟登了岸，沿着江岸城垣一路上行，不多久便到了昔日的丝绸码头翠微门。翠微门位于今陕西街与新华路交会处，门外有朝东路直通码头，乃四川最大的丝绸绢帛集散地。门内陕西街，系陕西商人的聚集地。沿街丝号林立，绸庄栉比，各色丝绸锦缎悬满了街肆，无比的斑斓绚丽，于是有了"翠微门，挂彩缎，五色鲜明"一说。如今的陕西街依旧延续了数百年来的殷繁人气，只是没了旧时丝绸锦帛的绚烂，而多了些小商品市场的杂乱和无序。

过了翠微门上行，即至东水门，一座至今尚存的古老城门。江滩码头上的石梯宽阔平整，一坡连着一坡，长梯两侧是成片的木构吊脚楼，或依山崖而立，或靠城垣而筑，层层叠叠，高低错落，形成别具一格的山城风貌。后旧城几经改造，修路建楼，连接城门与江滩的长梯被拦腰截断，依山而筑的吊脚楼也被悉数拆除，仅遗下一座古旧的城门，以及逶迤延伸出的两百余米断壁残垣。东水门始建于明洪武年间，城门城垣依险峻的山势而建，恃要凭险，逶迤雄峙于长江之滨。其门宽3.1米、高4.5米、厚6.6米，红砂条石垒筑，层层叠砌。由于年代久远，条石上已生出了一层薄薄的青苔，门洞石匾间的题额也早已风化得了无痕迹。

东水门为重庆老城正东的大门，自明清乃至民国，这城里城外的码头街肆一直为市廛最盛处。商贾云集，桅樯林立，上上下下一片忙碌，乃重庆府的古渡口、水陆码头及商业中心。旧时人前往南岸，都由东水门外的古渡口乘坐摆渡船往返。民国初时，政府拆除城垣，渡口改在了望龙门，曾兴繁了数百年的古渡要津这才渐渐沉寂了下来，少了人舟喧声。

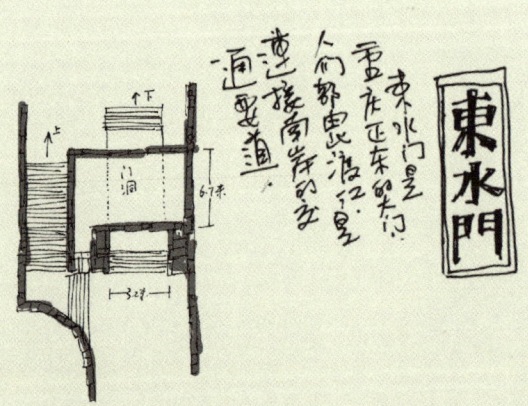

自明清乃至民国，东水门城里城外的码头街肆，皆为市廛最盛处，商贾云集，桅樯林立，乃重庆府的古渡要津及商业中心。

过去人们行商贩货，访亲寻友，以及地方的奏章信函传送，走的多是水路。重庆城两江交汇，城门中十之八九皆为水门水码头。诸水门码头中，尤以东水门一带货物往来最为繁盛。下行的稻米井盐、药材竹木、山货土产，上行的洋油棉纱、京广杂货等多汇集于此。整个码头货物山积，临江沿岸堆房货栈鳞次相接，成为重庆著名的货物集散地。

明末清初，大西王张献忠焚剿四川，大肆屠戮，使得富饶的巴蜀大地竟然沦落到城廓荒芜，人丁稀若晨星。为了恢复四川天府的美名，朝廷以种种优厚政策鼓励外省移民入川垦荒复耕。自清康熙七年（1668年）起，湖北、湖南、广东等十余省的百万移民相继入川。移民们自为村落，以耕垦为业。直到雍正七年（1729年），荒田尽垦，米粮充盈，四郊赋闲的农人才逐渐涌入城中，或工或商，渐而再度兴繁了这座城市，甚至"殊倍于昔"。乾隆年间，两湖、两广、山陕、闽浙、江西、云贵等省商帮相继在重庆集资修筑同乡会馆，以联络乡谊，议事聚会，形成著名的重庆"八省会馆"。其中湖广会馆（又名禹王宫）、江西会馆（又名万寿宫）、广东会馆（又名南华宫）皆设馆东水门，且规模最盛，形成一片重殿叠宇、雕镂工丽的庞大会馆建筑群。

湖广会馆位于东水门正街4号，今由禹王宫、广东公所、齐安公所三部分组成，阔约八千平方米，依山而建，鳞次栉比，规制恢宏。整个建筑群雕梁画栋，涂朱鎏金，其木雕镂刻均取材于《西游记》、《封神榜》、《二十四孝》等戏文故事，雕镂精湛，栩栩如生。抗战期间，会馆曾一度改作军用203仓库，后又更为市商业储运仓库。

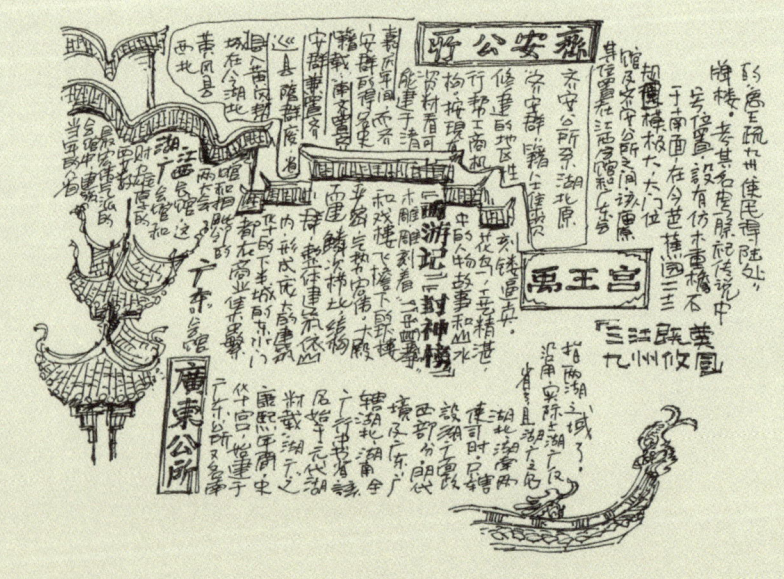

昔日的古渡要津东水门

东水门残垣

东水门残垣

东水门内的旧时会馆

齐安公所

残缺的门额

石额

会馆壁上残留的标语

太安门·一坡缆车，一坡梯

地址：渝中区望龙门   现状：存二府街、望龙门街等老街巷，及民国缆车道

说起重山重水的重庆城，人们总能想起那大江中鸣着汽笛、往来穿梭的小火轮，凭山而建、层层叠叠的吊脚楼，还有那一坡接着一坡、总也爬不完的梯梯坎坎。梯坎旁的铁皮缆车或许更是将我们的记忆锁定在了那个年代。

望龙门，东水门上行约四百米处的一个老码头，虽以"门"为名，但却非重庆九开八闭十七门之一。这一"门"，实为对岸的"龙门"。早在南宋绍兴年间，南岸江边立有一巨石，上刻"龙门"二字，乃江上一景，凡过往船舶行经此石，皆朝石拜谒一番，以求水运平安。后民国人于西岸兴筑街肆码头，便取"远望龙门"之意，命名为"望龙门"。

望龙门虽非十七门之一，但其所在地曾经确有一道古城门，即位于东水门与太平门之间的"太安门"。太安门系八道闭门之一，兴建于明朝初年，虽不是什么雄关要隘，也算不上客货两旺的商街码头，但其门内所置却处处皆是官家的府署衙门，如同知署、县文庙、县学宫、城隍庙、太平粮仓……

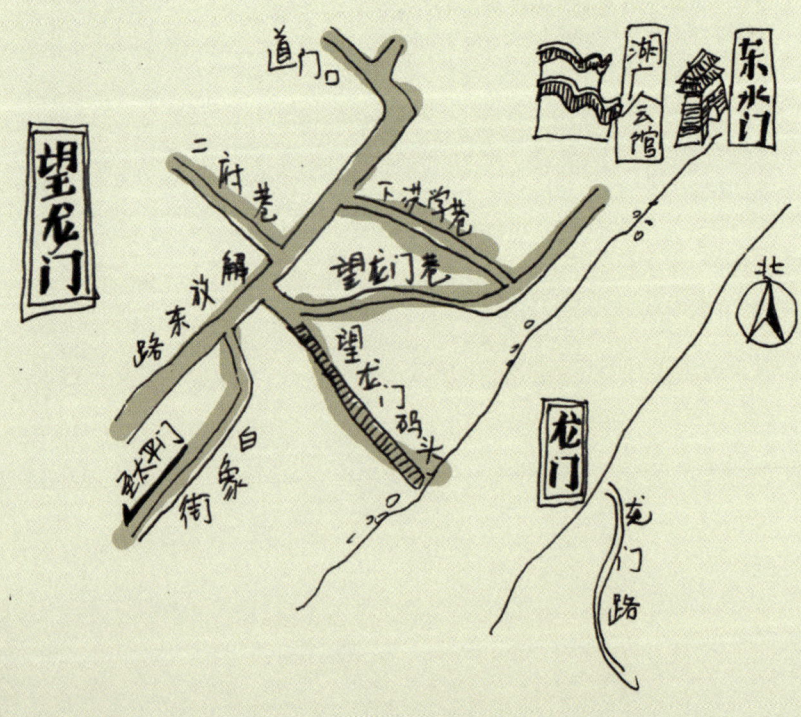

县文庙、城隍庙，且不多说，一个主管生前文运功名，一个护城安邦、司掌阴间的亡魂，那自是香火鼎盛，求魁星高照者，求金榜题名者，求福求仙求来世大富大贵者络绎不绝。清康熙五十四年（1715年），重庆府同知署也迁来太安门内，与县文庙、城隍庙合为一处。同知署，乃辅佐协助知府的二级衙门，民间俗称"二府衙"。那些存放囤积五谷杂粮的仓廒米库也设置于此，于是有民谣道："太安门，太平仓，积谷利民。"乾隆十九年（1754年），同知署再度迁移，搬至江北镇弋阳山，以清除匪患，作为护佑重庆府的一道屏障。衙门故地逐渐废为布衣白丁杂居的街巷，如今在望龙门一带还保留有一条名为"二府衙"的老巷。

时光到了民国，拆城筑路修码头之风瞬间也吹到了这座内陆山城，太安门连同许多城门洞子都相继被拆除。这道封闭数百年的古老城门旧地也被辟为新的渡口码头，成了往来于长江两岸的通津。山城重庆，抬头是坡，低头是坎，俗话有道是，"上半城，下半城，上下半城累死人"。抗战期间，国民政府为了方便渡江旅客往返于两岸，免受爬坡上坎之辛劳，特邀请桥梁专家茅以升、铁路专家欧阳春联手设计建造了中国第一条缆车道，并于1945年4月建成使用。缆车位于望龙门的滨江码头，车道全长约两百米，上下高差约五十米。两辆铁皮车厢轮流上下，每日运送乘客多达万余人。狭小的车厢总是被塞得满满当当，无了隙地。望龙门缆车是重庆有史以来第一次连接重庆上下半城的电动交通工具，它的建成，结束了重庆"上下半城累死人"的历史，成为山城一道非同寻常的景致。伴随着咔嚓咔嚓的运转声，缆车在两百米长坡上缓缓地爬行了近半个世纪，直到滨江路建成后，它才悄然退居幕后。

废弃多年的中国首条缆车道如今仍默默地躺在望龙门码头旁的长坡上，与一侧的石坎长梯相依相伴。残有钢轨痕迹的路基，生满锈迹的螺栓，昔日搭乘万千旅客上下长坡的缆车道依然向山坡上延伸着，只是没了站台，更没了终点。与之平行的石梯蜿蜒盘旋而上，老屋楼棚簇拥，还是旧时的面貌，只是没了昔日的喧闹和人头攒动，只有偶尔路过的行人匆匆经过。

残有钢轨痕迹的路基，生满锈迹的螺栓。昔日的缆车道依然向山坡上延伸着，只是没了站台，更没了终点。

太平门·衙署丛集，市廛最盛处

地址：渝中区白象街西口一带　　现状：存宋代古城、巴县衙门、白象街、邮政局巷等旧迹

　　若说太安门内多有府署衙门，那与之相邻的太平门内更是衙署丛集，城之中枢了。

　　重庆十七道城门中，太平门的历史最为古老。早在南宋嘉熙年间，重庆知府彭大雅为抵御蒙古大军侵扰，便召集民工夫役，大兴土木之工，沿着临江山崖垒石筑城，同时辟出城门四座，其中就有这道位于重庆古城东南方的太平门。三十多年后，蒙古大军兵临城下，猛攻太平门。城门之下火光冲天，杀声如雷。鏖战之后，满目的残垣，遍野的尸骸，唯这太平门还岿然屹立。转瞬八百多年过去了，后世的人们在太平门故址一带修建房屋时，偶然发掘出昔日筑墙的城砖，上镌"淳乙巳东窑城砖"、"淳乙巳西窑城砖"等铭文。

　　太平门乃明代城垣一道防御上的主城门，上有人和门、下有太安门两座闭门相佑。城门外置瓮城，门额上题四个大字，"拥卫蜀东"，可见其在重庆城防堡垒中所占据的重要地位。门内有官街通向一片气势恢宏的建筑群。建筑群重殿叠宇，楼阁森然，这就是重庆最高军事行政衙门重庆府署。府署之右系巴县衙门，是掌管巴县财赋民政的最高行政机关。巴县衙门倚山而建，坐西向东，是一处颇具规模的官署建筑群。只可惜明末时招来了大西王张献忠，一阵烧杀屠戮，好端端的重庆府焚毁殆尽。清康熙六年，知府张楠筹得资金，再度重修了府县衙门。当年前后数进的巴县衙门至今仍屹立于原址，只可惜几经拆建，仅存下最后的一进殿堂。

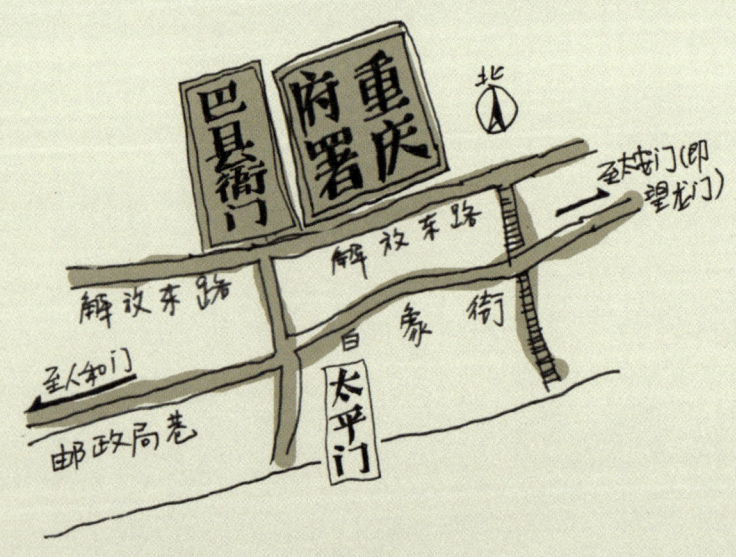

太平门内的白象街,
曾一度繁华之极。
五方云集、华洋杂处,
商号洋行、堆栈店房比比皆是, 鳞次相接。

衙署丛集处，自是城的中心。击鼓报时定晨昏的大鼓楼就耸立于太平门内，府署衙门之前。鼓楼始筑于明洪武十四年（1381年），层楼叠起，翼角飞翘，楼上藏滴漏铜壶，以计时刻，另置有大鼓一面，以"天明击鼓催人起，入夜鸣钟催人息"。其间昏鼓三通，夜半三通，旦明三通，更鼓一夜击五次。以至于民谣中歌道："太平门，老鼓楼，时辰报准。"近些年旧城改造，巴县衙门周遭的陋巷老屋被拆得干净，未曾想到在拆迁过程中，一座宋代古城遗址反倒重现了天日，那些深埋地下的城垣、府址、宅基、水井……一一得以呈现。

若由过去的太平门入城，左为邮政局巷，右为白象街，重庆旧时最繁华的商业街也就是这一带了。白象街得名于街中的"白象寺"，寺有一池，池中立一汉白玉雕石象，恰好和南岸玄坛庙的一对青石狮遥遥相对，形成了"青狮白象锁大江"之势，既锁住了重庆的财运，也福佑重庆风调雨顺。如今白象街仅遗下不足四分之一的老街肆，连檐相接着好些旧时的商铺店房，商铺多是三四层高的小楼，或中或西，或乌瓦粉墙，或洋瓦青砖，这在百余年前的重庆城，还真称得上是条楼台林立的商业大街。重庆开埠后，太平门内外更是繁华之极，华商洋商云集于此，商号洋行、堆栈店房鳞次相接。外埠的洋沙洋油舶来品，下江的京广百货、山珍海味，本帮的竹木土产一一汇集于此。控制川江水运的轮船公司也在太平门码头设立总部，调度船只，使之成为重庆最为忙碌的客货大码头。

太平门一带乃是旧时重庆市廛最盛处，商业贸易之中心，无论是明代八坊二厢，还是清代的二十九坊十五厢，太平坊始终位于各坊厢之首，也是这座城市最为古老的街市和住宅区。如今太平门一带仍密布着众多七弯八拐、宽窄不一的老街闾巷，如邮政局巷、普安巷、九道口、羊子坝……时隔多年，旧城改造的进程已逐步深入到这片古老的街肆。那些残有雕花勾栏的古庙、遗下门楼高墙的老宅、铺着青青石板的幽巷，也将逐一湮没在这瓦砾残砖堆砌的废墟之中。

巴县衙门旧址　普安巷老庙　普安巷老庙
邮政局巷　白象街　白象街
仅剩下半条街的白象街

储奇门·药材码头草药香

地址：渝中区储奇门　　现状：存城垣及药材公会旧址

　　白象街与邮政局巷虽前后相接，但两街人情风物则大相径庭。一个是商街繁肆，满街的铺房高楼，一个却是深巷幽径，府宅连连。但在百年前，即清光绪二十三年（1897年），四川首家官办邮政局重庆大清邮政官局就诞生于此，开了重庆近代邮政之先河，于是有了今天这条"邮政局巷"。除了率先开通邮政业务，诸如电灯这类稀罕之物也在这一区域率先使用。究其原委，皆因此地家家富庶，户户阔绰。如今漫步巷中，沿街仍能寻到许多旧时豪门富户的遗存。

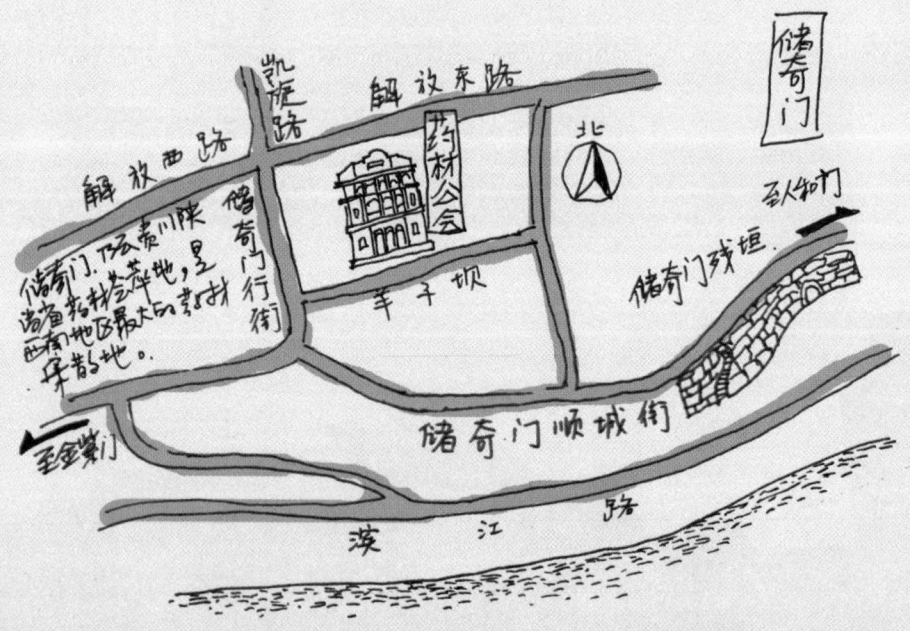

走过长长的邮政局巷，便入了储奇门的地盘，街边路牌也纷纷换作了"储奇门顺城街"、"储奇门行街"等。储奇门坐北朝南，临大江而立，恃要凭险。城门两重，内设正门，外置瓮城，楣上题额"金汤永固"。巍峨高耸的城门楼子虽在民国扩城时就被拆除，但储奇门的东侧仍有一段古老的残垣存留至今。城垣以红砂条石层层垒砌，因地势而逶迤盘亘数百米。自城垣被废后，附近百姓纷纷依高墙搭建茅舍瓦屋，重重叠叠的，几乎覆住了昔日雄峙的城垣。垣顶拆了垛碟，平为了街道，两侧则筑起了连排的店铺楼舍，一条名为"储奇门顺城街"的新街应运而生。

重庆古城，九开八闭十七门，门门因物产风物不同，其八方景致也生得迥异。如民谣中所唱的储奇门，"储奇门，药材帮，医治百病"。短短十字，这门内门外所集货物，所经营生，皆了然于胸。重庆山地辽阔，自然资源丰富，出产许多名贵中药材，如石柱的黄连、天麻，南川的杜仲，巫山的庙参，等等。加之便利的水上运输，自古以来，就是云、贵、川、陕诸省药材荟萃之地，是西南地区最大的药材集散地。早在明清时，四川山区所产山货药材经水路汇集重庆储奇门外，再由本帮或外埠药商运至湘鄂江南等地。许多外省客商甚至长期客居重庆，在储奇门设庄开店，采办山货药材，使得储奇门内外货栈堆房林立，药行医馆更是连檐相接。据统计，旧时仅在储奇门码头从事药材山货搬运的脚力就多达四百余人。

重庆开埠后，垂涎川中山货的西人终可直入川江，泊船重庆，大量收购山中奇珍异货，山货出口量随之大增，种类也由原来的单一品种增加至数十类。长期归口药材帮的山货行从此得以脱离，自成一帮，设山货公会于东华观。

重庆药材公会　地址：储奇门羊子坝社区15号　　现状：家具厂和服装厂作坊

一个商业较为发达的城市，各行各业鱼龙混杂，当然也难免会出现些违背商业道德的事情，于是行会行帮应运而生。重庆旧有"左右两条江，上下十三帮"的说法。重庆开埠后，洋商大量涌入，商家猛增。华商们为维护自身的利益，开始扩大公会实力。行会行帮数量大增，如这药材帮也一分为二，形成山货帮与药材帮，其中山货公会设址东华观，药材公会则设址羊子坝。

药材公会会址所在地羊子坝，本是片草药飘香的药材市集，一些曾作为药材仓库的旧式楼屋随意散落其间，如今已多改作了民居。羊子坝15号，一栋涂有红色柱头、塑西洋花饰的高大门楼，它便是昔日曾风光一时的重庆药材公会。公会大楼高三层，仿欧式建造，券门券窗，通柱檐廊。楼面雕饰尤为精致，每层的窗楣、壁柱、檐口、栏杆等凡细致处皆有精巧的雕刻，但层层均不相同，有些简约，有些繁复。除了西人的花饰外，更多还是取自中国传统的祥禽瑞兽，甚至还有名贵药材的浮雕。大楼的排水系统设计十分巧妙，出水处饰一石狮，雕镂工丽，憨态可掬，凡有流水排出，自是一幅双狮戏水的欢快场景。

公会大楼左侧是栋带有拱形门窗的三层楼屋。老人说，这里曾经是药材商人共同集资修建、专供药商子弟读书的学校。1949年后仍作为学校使用，直到前些年才因楼屋老化，搬去了新址。

重庆药材公会旧址

金紫门·镇台衙门，驻军之地

地址：渝中区金紫门　　现状：存民国军事委员会

古城重庆城门十七座，九开八闭，依据的是"九宫八卦"之象，按理说，两道城门中应置一道闭门，但金紫门不是闭门，而是一朝南而开的开门。其中缘由可能只有问明初重庆卫指挥史戴鼎了。金紫门为何得名"金紫"？古有说因"金牛过江"的传说而得名，也有说因金紫门内住着"金印紫绶"的高官而得名，还有说因这里曾经有一古庙金紫寺而得名。

自古以来金紫门是重庆城的重要军事要地——驻军之地，这里清嘉庆时是重庆镇总兵署所在地，民国时期是镇抚府，又改叫镇守使署。金紫门的城门、镇台衙门的高墙无一幸存，给我们留下的只是一条老街守备街。

1937年8月8日，蒋介石以军事委员会委员长的身份发布了《告抗战全军将士书》。军事委员会为适应抗日救国的时局，1937年底撤离南京迁至武汉，武汉失守后蒋介石于1938年12月9日飞抵重庆，国民政府的军事最高统率部也同时驻节重庆。在重庆期间，国民政府军事委员会经不断调整，所属机构以军政部、军令部、军训部、政治部等为主体，以军事为主要任务。到1944年6月，该机构由蒋介石任委员长，副委员长冯玉祥，委员有阎锡山、李宗仁等。1945年9月4日，毛泽东出席了蒋介石在军事委员会礼堂举行的庆祝抗战胜利茶会。抗战胜利后，1946年5月国民党政府撤销了军事委员会，改为国防部。

重庆歌中说道"金紫门，恰对着，镇台衙门"，而镇台衙门的原址就是现在《重庆日报》社所在地，当年的军事委员会设在镇台衙门的原址上，即现在解放西路66号重庆日报报业集团大院内。现存军事委员会礼堂旧址，和四周的现代建筑相比，原本宽敞高大的礼堂建筑显得小巧淳朴。灰色和土黄色构成了礼堂的基本色调，使我们不由得联想到了"国军"的军服。时间过了半个多世纪，军事委员会礼堂基本保持原貌，成为抗战文化的历史见证。听附近九道门的一位年长的婆婆说，新中国成立放前这一带很多当兵的，每天早上都要列队跑步，她现在住的房子就曾经住过大兵。

离军事委员会礼堂不远处，渝中区解放西路14号就是抗战时期蒋介石最早的城区官邸重庆行营。一栋三层楼的砖木结构老建筑，隐藏在普通的居民楼宇之中，行营底楼的石板下面暗藏有一条暗道直通长江边，旧时的珊瑚坝机场近在咫尺。可见当时国民政府的良苦用心。

国民政府军事委员会礼堂

解放西路14号

南纪门·涌出涌进菜蔬市

地址：渝中区南纪门　　现状：存厚池街、十八梯等，但尚处拆迁中

古城重庆的繁华尽在沿长江的下半城，从朝天门出发，经翠微门、陕西街、东水门、太平门、储奇门，沿着这条通衢大道，一直可走到南纪门。途中坊肆栉比，商号行栈接栋连檐，是一条聚满诸行百市的商业长街。长街西端的南纪门既是商街的尽头，也是古城长江沿岸最末的一道城门。

南纪门之"南纪"，出自《诗经·小雅·四月》："滔滔江汉，南国之纪"。有千古文辞为名，这偏居西南内陆的小城也少了几分恶地求生存的悲鸣，多了几分上古时代人的诗情。南纪门坐北朝南，登楼可远眺南山苍翠，宛若一道天然屏障，故而门上题额"南屏拥翠"。南纪门是重庆水陆两通的重要码头，码头上集散货物尤以木材居多，沿江的竹木堆栈绵延数公里，可经菜园坝一直铺到黄沙溪。

重庆九开八闭十七门，一门一景，一门一码头，朝天门的官码头，翠微门的丝码头，太安门的米码头，太平门的商码头，储奇门的药码头……而这南纪门除了作为竹木码头外，更是为这座城市提供瓜果菜蔬的菜码头。

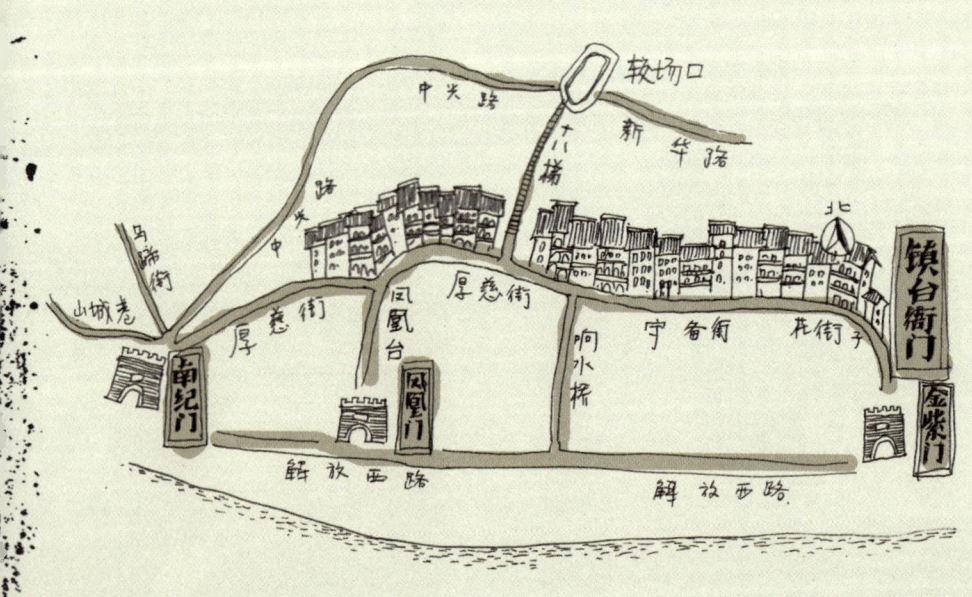

厚池街,
原名"浩池街",长约一里
城门外屠牛宰羊 蔬菜满棚,
城内则是酒旗茶幌飘摇,
沿街的饭庄、酒肆、茶馆、客栈,
一家接着一家,好不热闹。

嘉陵长江合交一处，其山形水势不险也恶。险恶中生的重庆城不是坡坡坎坎，就是坎坎坡坡，人们再怎么与天地斗，也难在这重山重水的重庆城里垦出一面平地来。好在大江有情，在南纪门外四里处冲出一片沙洲来。沙洲平坦广袤不说，还土质肥沃，好些农人移居至此，以种植蔬菜为业，这方沙洲也因此得名"菜园坝"。菜园坝算不上太大，所产菜蔬也就仅够城里百姓食用，于是与之相邻的南纪门成了重庆城的菜蔬市集。菜园坝的农人每天天未明就将刚采摘的新鲜菜蔬担至南纪门摆摊售卖，聚而成市。于是有了"南纪门，菜篮子，涌出涌进"之说。

南纪门西为金汤门，东为凤凰门。金汤门立于峭壁险绝处，城外悬崖陡峭，无通衢与外界相通，固若金汤。凤凰门位于南纪、金紫二开门之间，因古时两只五彩异鸟翔集于珊瑚坝，比翼齐飞，时人认为此乃凤凰栖息，为瑞相，于是起筑高台，取名"凤凰台"。后明人戴鼎在此依崖修筑城垣，设置城门，便沿袭了此名。民谣中歌道："凤凰台，川道拐，牛羊成群"。川道拐，为南纪门外一条古商道。古道始于太平门，经宰牛巷、一字街、菜园坝，最后沿佛图关出关前往川南、贵州等地。自明清以来，川南、黔西北等州县的牛羊经古道运至重庆，在川道拐一带形成大型的牛羊屠宰市集。宰杀后的牛羊再由商贩经凤凰门送入城内，卖至菜场肉铺、食肆酒馆。

南纪门以菜市闻名，凤凰门以牛市名世，横在二门之间的厚池街自然成为这一带最为热闹的去处。厚池街，原名"浩池街"，谐音"好吃街"，长约一里，东与金紫门内的守备街相接。城门外屠牛宰羊、蔬菜满棚，城内则是酒旗茶幌飘摇，沿街的饭庄、酒肆、茶馆、客栈，一家接着一家，好不热闹。老街中段有坡长梯与上半城的较场坝相连。长梯长两百多级，梯梯相连，一口气爬上去，大小伙子也会累个半死。后为缓减路人爬坡上坎的辛苦，将长梯分段垒筑，形成十八层台阶，使连绵不断的石坎长梯间形成多处缓冲地带，得以喘口气，歇个脚，俗称"十八梯"。十八梯是旧时沟通上下半城的主要通道。早在过去，人们在厚池街上酒足饭饱后，再爬十八梯消饱胀，然后走到较场坝上吹吹江风，或看西洋把戏，或舞枪弄棒健身习武。

厚池街、凤凰台、十八梯，老重庆为数不多的一片老旧城区。作为古物而言，这一片并未有多少值得珍藏的旧迹。一坡长梯，几条老街，沿街而置的旧时老屋铺房，仅此而已。于是，它们就没有了再存在下去的必要。

通远门·陆路雄关，亘古沙场

地址：渝中区七星岗　　现状：存古城门及城垣

　　顺着南纪门旁的山城巷可登金汤门，再经领事巷、金汤街可直抵昔日重庆城唯一的一座陆路关隘通远门。沿途旧时遗构颇丰，先有山城步道，拾级而上，临崖筑就的民居公馆比比皆是，只是多已整饬一新，少了些旧貌。金汤门地势显要，至今尚有一段老城垣蜿蜒盘亘，隐于林木山崖间。断垣之上，残损的塔楼，破落的教堂，呈现出的都是来自法兰西的华美风景。而再往上行，楼宇间藏匿着的则是昔日英国领事和夫人居住的馆舍。

　　山城重庆两江环抱，三面临水，自成天堑。十七道城门中有十四座凭水而立，控扼江险，唯西面的金汤、通远、定远三门，依山崖峭壁而建，面朝陆路。三门城址皆为全城地势最高处，其中金汤、定远二门虽有城门的制式、高耸的楼阁，但大门始终紧闭，从未开启过，就连门外是否有路相通都难得一说。二门的名号也颇具刀兵气，"金汤"、"定远"，赫赫武功彰显无遗。二门护拥着的通远门才是重庆西面最为重要的一座城门，它不但是全城唯一一道只通陆路的关隘，更是重庆城防之咽喉。

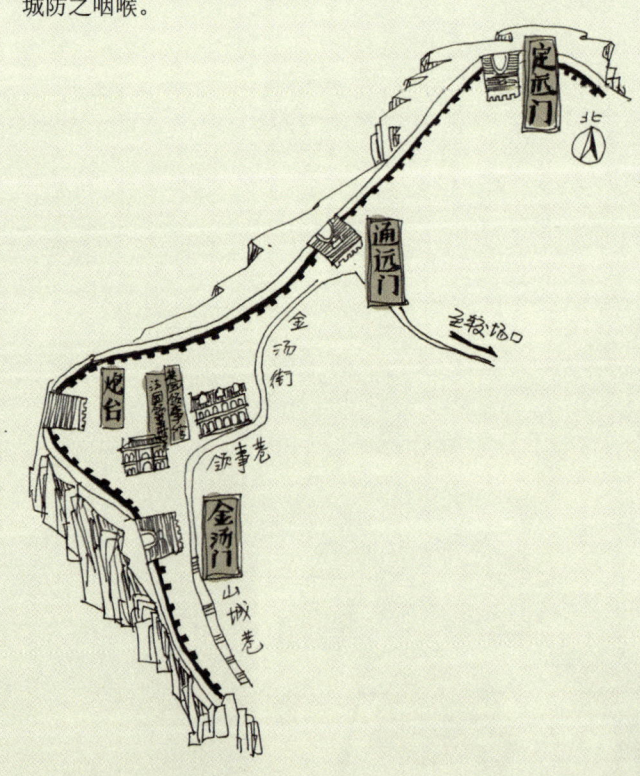

山城巷中的厚庐,原主人为刘湘麾下师长兰文斌

兰文斌公馆厚庐

领事巷中的原法国领事馆

法国人修建的仁爱堂医院,后更为市第一中医院,以及重庆市中医学校

在重庆仅存的诸多城门洞中，通远门无疑是保存最为完整的一座明代古城门。城门位于七星岗隧道旁，城垣沿着门楼的两翼延伸出百余米，逶迤雄峙在七星岗的山脊之上。通远门原置主城门、瓮城、鼓楼及炮台，由于年代久远，好些设施都已毁掉。现存城门系大块的条石层层垒砌而成，其高5.33米，宽3.5米，厚达7.41米。门为双重券门，两券间形成一个方形小瓮，一旦敌军进入，守城军士可在城楼上投射雷石羽箭，击毙入瓮之敌。券门上方嵌一青石，正书"通远门"。"通远"，自是没了"金汤"、"定远"等纯粹防御壁垒的刀兵之气，反倒多了几分对远行者的祝福。旧时的人们，正是出了此门，经佛图关，再沿着一条青石板路取道川南、川西，甚至省城成都。

通远门作为重庆古城唯一的陆上交通要道，自古以来就有着极其重要的战略地位。城垣上那些大大小小的炮痕弹孔，足能使人感受到战争和杀戮曾经多次在这里上演，多少历史故事也从这里流传。南宋宝祐六年（公元1258年），蒙哥亲率大军进逼巴蜀，猛攻钓鱼城，未曾想这位所向披靡的蒙古大汗竟然命丧合川，重庆城因此逃过一劫。十八年后，忽必烈指挥元军再度扑向重庆，时任四川制置副使的张珏以钓鱼城和重庆为根据地，拼死抵抗，并在通远门下与元军展开了一场激烈的攻守战。张珏立于城墙上，率众将士死守城池，多次击退元军。只是赵宋王朝的天命已定，终免不了覆灭的结局。

通远门外的第二次恶战是在明朝末年，大西王张献忠率义军攻打重庆，面对数倍于己的敌军，守城将士拼死抵抗，交战双方伤亡惨重。经过六天激战，起义军用炸药轰塌了通远门转角处的城垣，陷落了重庆。张献忠入城后，大肆杀戮，整个重庆十室九空，大量的尸骸抛弃在通远门外的七星岗上。从此，七星岗成了重庆远近闻名的大坟场，阴森可怖。这一景象持续了数百年，被好事者编入歌中，世代传唱，"通远门，锣鼓响，看埋死人"。

直到入了民国后，重庆首任市长潘文华主持开辟新市区，清理了七星岗上所有的荒坟野冢，还专门在七星岗上修建藏式菩提金刚塔，以超度安抚亡魂。通远门外这才逐渐多了些人烟气。

自古以来，
通远门就有着极其重要的战略地位。
从门洞和城墙上大大小小的洞孔中，
能使人感受到战争和杀戮曾经多次在这里上演，
多少故事也从这里流传。

通远门,
重庆西面最为重要的一座城门,
它不但是全城唯一一道只通陆路的关隘,
更是重庆城防之咽喉。

巴江四城门·恃要凭险，逶迤雄峙

嘉陵江源于秦岭，穿大巴山，经广元、阆中、南充、武胜、合川、北碚，最后入重庆，与长江合流，古称渝水，俗称巴江。嘉陵江南岸崖壁陡峭，易守难攻，故仅置了四重关隘，由西至东分别为临江门、洪崖门、千厮门、西水门。

临江门　　地址：渝中区临江门　　现状：无存

过了定远门（今一号桥处），城垣竟内收回缩进了山崖，在山崖凹陷处开了座临江门。说是"临江"，实为重庆十四道水门中最远离江岸的城门洞，门外一坡长梯堪为整个重庆城之最，以至于后世的艺术家、摄影师都把画笔、镜头对准了这幅层层叠叠的山城图景。

临江门乃嘉陵江入渝的第一道关隘，其门题额"江流砥柱"，就足以见其在重庆防御上的重要地位。说来也怪，重庆城的九开八闭十七门中，门门内外的风物多以一类见长，唯这临江门，在拥有渝水第一雄关刀兵气的同时，还多了些文脉重地的书香气、水码头的市廛气、粪码头的恶臭气，以及满坡吊脚楼的市井气。

早在宋绍兴年间，朝廷便将祭祀孔老夫子的文庙设在了临江门内，后明清两朝沿袭旧制，加以重修拓建，作为重庆府的文庙学宫所在地。清雍正三年（1725年），人们在文庙旁筑起了一座高四层的魁星楼，以求魁星高照。临江门是重庆城北仅有的两道开门之一，其货物往来自是兴旺，门外江滩上的码头就设有多处，大码头、木材码头、石灰码头，后来还衍生出一个臭气熏天的粪码头。每日清早，那些挑粪工把各家各户的粪水收集一处，挑到临江门，然后再用粪船至四郊的乡下售于当地的农人，故有"临江门，粪码头，肥田有本"一说。

1922年5月，督办杨森实施新政，拆城垣，建码头。重庆十七门中第一个被拆除的，便是这"江流砥柱"的临江门。文庙后成了市二十九中的校舍，改建为了新楼。魁星楼也于上世纪五十年代被拆除。今天的魁星楼为再造，上看倒是一处飞檐翼角、雕梁画栋的仿古建筑群，下看却是钢筋水泥构筑的巨大堡垒，阴森诡异，如同一座末日废城，将昔日最具山城魅力的临江门完全覆盖。

今天的魁星楼为现世再造，上看倒是一处飞檐翼角、雕梁画栋的仿古建筑群，下看却是钢筋水泥构筑的巨大堡垒，阴森诡异，如同一座末日废城，将昔日最具山城魅力的临江门完全覆盖。

洪崖门　　　地址：渝中区洪崖门　　现状：无存

就个人而言，重庆风物中最不想提及的便是今天这洪崖洞仿古民居建筑群，那种扑面而来的恶俗可算得上是种极致。但重庆九开八闭十七门中少谁都少不了这洪崖门，毕竟渝城八景之一的"洪崖滴翠"就得名于此。

从临江门到千厮门，长约三里，然这三里全为陡峭的石崖，易守难攻。早在南宋时，重庆知府彭大雅垒筑石头城，便在此置有一门，取名"洪崖门"。后明初戴鼎拓城，继续沿用了此名，只不过改开门为闭门，仅用于军事。明朝末年，张献忠率大军来袭，重庆守军在洪崖门城垣上添置大炮，加强防御。哪料得那张献忠绕道奔袭江津，再顺江而下，从通远门攻入了重庆城。洪崖门炮台未发挥作用，仅在门内留下一条名为"炮台"的街道，即今沧白路。

作为军事要塞的洪崖门虽未建立多少功勋，但却以致胜幽景在巴渝久负盛名。洪崖门旁的岩壁上曾有一天然石洞，可容数千人，古称"洪崖洞"。洞上原有一小溪，源自城内大梁子，后经大阳沟流至洪崖洞，再沿石崖而下，其"夏秋如瀑布，冬春溜滴，汇为小池入江"。如此胜景自是引来文人墨客流连其间。据记载，洞内石壁上曾留有苏轼、黄庭坚等人的诗文题刻，只可惜久经侵蚀，至明时就已漫漶不可读。由此可见明清时的上半城是怎样的一番景致。后随着重庆主城区由下半城移至上半城，人口猛增，溪水被污，洪崖洞从此再无了那"滴翠"的幽景。今天的洪崖洞虽也以重金造出了大片景致，游人络绎，但始终感觉是对"景"字的嘲讽。

千厮门　　　地址：渝中区千厮门　　现状：无存

千厮门与洪崖门、太平门皆为重庆最古老的城门，始于宋时，明初拓筑石头城，沿袭了旧名。早在宋朝，千厮门内外便是重庆的米谷粮粟的集散地，仓廪米库林立，故取《诗经·小雅·甫田》中的"乃求千厮仓，乃求万厮箱"给城门命名为"千厮门"。

千厮门为重庆城北嘉陵江上的第二道开门，隔江与江北老城的保定门遥遥相对。因得水利之优，千厮门外自古就为集散两旺的大码头。那些常年奔波在川江渝水上的商家船工，每次起航前总会来到千厮门外的小庙前，杀鸡敬神，以求水运平安。到了清末，千厮门成了棉纱集散地，满载棉花棉纱的货船云集码头，蔽塞江面，蔚为壮观，于是有民谣唱道："千厮门，花包子，白雪如银"。直到今天，千厮门内还留有一条名为"棉花"的老街。

西水门　　　地址：位于千厮门与朝天门之间　　现状：无存

西水门虽与客货云集的东水门南北相对，但却为一道有城门形制而无通衢的闭门。门外濒临嘉陵江水，地势平坦开阔。旧时一些精明的闲汉牵来马匹，开设马场，专供城里百姓骑游玩耍。一些善骑者，飞马扬鞭，一路绝尘。远远望去，若穿云破雾。故有"西水门，溜跑马，快若腾云"一说。1927年，潘文华市长为修筑新码头，拆除了西水门城楼，并在其旧基上修筑了可装卸货物的嘉陵码头。

临江门旧貌

嘉陵江沿江码头

嘉陵江沿江码头

嘉陵江沿江码头

嘉陵江沿江码头

嘉陵江沿江码头

嘉陵江沿江码头

江之北，城之屏

　　大凡大江大河流经的城市，总有"江南"、"江北"、"河南"、"河北"的俗称。两条大江交汇的重庆城自少不了"江北"这一说。江北，嘉陵江（又称渝水、巴江）之北。对于石崖陡立的重庆府、山峦叠嶂的南坪城来说，江北真算是这座城市相对平缓的地界。于是它既成了北上西进省城的通衢，又成了防御外敌入侵的门户。长江、嘉陵两江汇合环绕着的江北城，形似"鱼嘴"，直插两江，被人们形象地称为"江北嘴"。江北城镇锁两江口，自古以来，就被视为重庆北面的一道军事防御屏障。

保定门·土石烟草间的江北古城门

地址：渝北区江北城南　　　现状：存残垣城门等

嘉陵江畔的千厮门是重庆最古老的城门之一，据说与太平、洪崖等门同修筑于南宋末年。明初重庆卫指挥使戴鼎重筑城垣时，沿袭了旧名。千厮门是重庆北面嘉陵江上的第二道开门，因得地势水利之优，千百年来为嘉陵江上一道天然良港。如今的千厮门一带已无城垣旧迹，就连相邻近的老街僻巷也——平为了马路，筑起了高楼，倒是隔水对岸的江滩上还遗有那么一段古门残垣。顺着这道杂草荒树掩映着的古老城门，时空又将把我们带入到重庆府的第二座城——江北古城。

从渝中半岛的苍白路坐索道，横跨嘉陵江来到曾经熟悉的江北老城。眼前的一切多为废墟，老街老屋多已消失，只有破桌烂椅还散落在一片瓦砾和腐木之中。正午的阳光直射在瓦砾上，散发出刺鼻的气味，几个拾荒者正在废墟里寻找着一切可以变卖的东西，远处几辆黄色的挖掘机在灰白的砖瓦中显得格外刺眼。走在被瓦砾埋没的路上，寻找着儿时江北老城的影子，顺手捡起地上被遗弃的布娃娃，才意识到记忆中的老城真的不见了，街坊们也不知迁去了何方。这个曾经一切都很熟悉的地方，现在却找不到方向了。江北城成为重庆自新中国成立以来规模最大、难度最大的一个旧城改造项目，它将与解放碑、南岸一起被打造成重庆新的中央商务区。

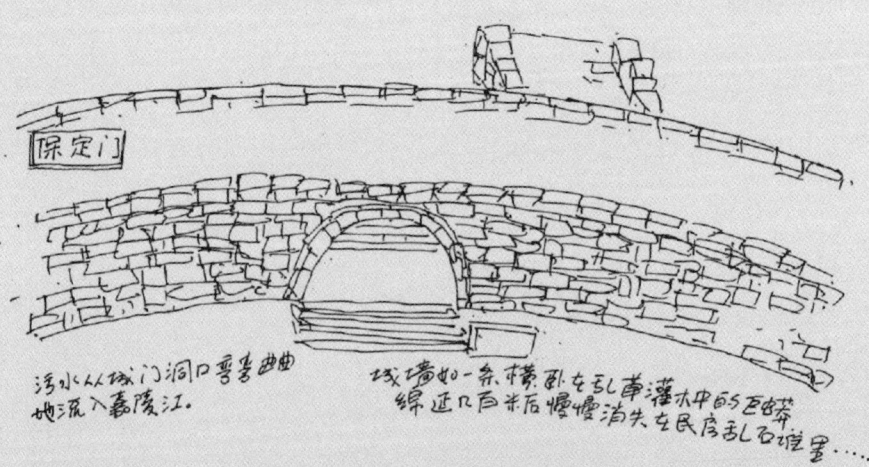

保定门

污水从城门洞口弯弯曲曲地流入嘉陵江。

城墙如一条横卧在乱草灌木中的巨蟒绵延几百米后慢慢消失在民房乱石堆里……

废弃多年的江北保定门，
目前少有人至，
除了偶有江边垂钓的闲汉，
几乎再无人从城门下经过。
保定门隔江正对着千厮门，
一江两门，这边依旧还是古垣残墙，土石荒草，
那边却已楼宇林立，高架飞纵。

凭着记忆，沿着江边继续前行，希望能在废墟中找到那曾经熟悉的老城门。没走多远，树丛中的一堵老墙引起了我们的注意。走近一看，这不正是我们记忆中的老城墙吗？高大的城墙由条石层层垒砌而成，四周生满了青苔和杂草。老城垣如同一条横卧在荒草灌木丛中的巨蟒，绵延数百米后慢慢消失在了民房和乱石堆中。城垣中部辟出一道石拱门，黑黑的洞口透着一股凉气，还伴随着阵阵霉味和其他不可言表的异味。城门为券顶双拱门，高约六米，楣上虽无匾额证实其身份，但其所处位置，已能证明它就是昔日江北十大城门之一的保定门。

早在秦汉时，江北这片土地就属江州县。东汉时江州县治也曾一度迁至江北，建起了北府城。后来江北归巴县管辖，属巴县境内的一个镇，名"江北镇"。江北镇地处要冲，常有强人袭扰。清乾隆十九年（1754年），重庆府把位于太安门内的同知署衙（同知为知府的副职，主要分掌地方盐粮、捕盗、江防、河工、水利、抚民等事务）移驻江北镇弋阳山，以作防御。乾隆二十四年（1759年），重庆府将江北划出，设理民同知，俗称"江北厅"。嘉庆三年（1798年），江北厅同知李在文依着巴江筑起了一座拥有岷江、嘉陵、问津、镇安四道城门的小土城，最初的土城极为简陋，就连城门都时常遭洪水淹没。道光十三年（1833年），同知福珠朗阿重新修筑江北城。老城增建至八门，分别是金沙门、保定门、觐阳门、汇川门、东升门、问津门、文星门、镇安门。在以后的江北城扩建中，又增添了永平、嘉陵两道旱门。入民国后，江北厅改成了江北县，其县治仍置于江北老城之中，直到1940年，江北县才从江北老城里迁出，县治移驻两路。江北城内，只留区署。

废弃多年的江北保定门，目前少有人至，除了偶有江边垂钓的闲汉，几乎再无人从城门下经过，使得古垣内外一片荒芜。保定门隔江正对着千厮门，一江两门，这边依旧还是古垣残墙，土石荒草，那边却已楼宇林立，高架飞纵。

荒草杂树间的保定门残垣

残垣上生满了野花

城门内垃圾遍地，已久无人至

东升门·昔日迎晖门，今日阴湿地

地址：渝北区江北城东北　　现状：成为民房的墙壁和地基

旧时城池的东门，多以"朝阳"、"迎晖"为名，意为太阳最早升起的地方。重庆诸多城门中，面东的城门虽多达七八座，但唯有"东升门"才是迎接这第一缕曙光的城门洞。东升门位于老江北城，东依长江，北接问津门，南近汇川门，乃连接重庆江北、南坪二城的古渡要津，以及长江航道上的一处重要水码头。

走进江北老城，满目皆低矮密集的青砖瓦屋，加之长年的烟熏火燎，形成大片灰黑暗淡的景象。泛着青光的石板小巷从房舍间穿过，巷的尽头即是那临江观日的东升门。东升门乃大石垒砌，券顶双拱，高宽皆约四米，城厚近七米，两翼延伸出的残垣高近六米，长约五十余米，逶迤盘亘。门的右侧依墙筑了砖屋，塞住了墙根下的小巷。左侧砌有石梯，盘回曲折，由此可登上城顶，凭垣远望。在这里，似乎能够看到曾经帆樯依市、客货两旺的水码头，听到大江中此起彼伏的川江号子，更能感受到城门下络绎往来、人声鼎沸的喧嚣市廛。曾经高大巍峨、凭江而立的东升门，如今已为高低参差、重重叠叠的棚屋瓦房所包裹。门内漏屋连檐，门外污水横流，阴暗潮湿。莫说依城远眺红日东升，迎接重庆府的第一缕晨光，就连盛夏午后似火的骄阳也难以洒到这壁老墙之上。

江北老城开发在即，东升门一带也纳入了拆迁的范围。城门不远处，几位拆迁办的工作人员正在极力劝说一对老年夫妇搬迁。久居老屋的老两口似乎想固守住祖业，但他们的坚持在一片游说声里显得是那么虚弱、无力。当我们再度来到东升门时，已是一个多月后。前不久尚鸡鸣狗叫、瓦屋连檐的棚户区如今已成一片废墟，远远就能望见那座远观红日东升的古老城门，只不过门洞里多了些木板和棚布，以及时而传出的阵阵鼾声。

如今的东升门，
已为棚屋瓦房所包裹。
门内漏屋连檐，门外污水横流。
莫说依城远眺红日东升，
迎接重庆府的第一缕晨光，
就连盛夏午后似火的骄阳也难以洒到这壁老墙之上。

问津门·棚房毗连水码头

地址：渝北区江北城东北，面临长江　　现状：闲置废弃

东升门北行数百米即问津门，一段湮没在荒芜坡地上的断壁残垣。

残垣由大青条石垒筑，高约六米，全长近三百米，但其中很长一段的内侧已被土石填埋夯平，成了其他建筑的堡坎和地基。垣中辟出一道城门洞，其制式规格略小于保定、东升等门。额上嵌一石匾，但因长年江风侵蚀，早已是漫漶不清，辨不出字迹。问津门废弃多年，墙端壁缝中生出的藤蔓杂草一阵疯长，缠满了古老的城垣。

问津门东临长江，是江北城的又一大水码头，也是那些走州过府商船的驿站，因紧靠打鱼湾，取渔人问津之意而得名。问津门外是江北城的分埠码头，每逢枯水季节，人们沿着江滩搭起临时棚房，摆摊兜售那些时令的果蔬、四乡的土产，以及自制自产的农具竹器，形成江北城外一处著名的农副产品市集。夏日汛期一到，江水上涨，人们再一一拆除铺席，四散开去，待到水退之后又云集一处。

问津门内是繁华的古街市，街面上那些青石板已有两百多年的历史。因紧接水码头，往来的客商贩夫、船工脚力络绎不绝，也造就了问津门内的兴繁商肆。沿街商号店房栉比，酒旗茶幌飘摇。那些泊舟岸边的船工们忙完手上的活计，都爱来到街上，找一间熟识的酒肆，叫上两三样小菜，再打上半斤烧酒。两盅酒下肚，一路舟车劳顿的疲乏瞬间全无。各家店铺门前都悬着各式红灯幌子招揽顾客。后世的问津门内早已没了往昔的商气，落寞了许多，但街上总还有那么几家老字号传承了下来，如"钱蹄花"、"宋豆花"。虽然都是些粗陋的上不得台面的市井小食，但回味余香总是那么无穷无尽。

眼前的问津门内外无甚分别，门外荒滩乱石，门内也同样乱石荒堆。那些刚拆卸下来的朽木砖石和瓦砾堆满了城垣内外，几乎成了建材垃圾的堆场。昔日问津门，今日已是无人问津。

眼前的问津门内外无甚分别,
门外荒滩乱石,门内也同样乱石荒堆。
那些刚拆卸下来的朽木砖石和瓦砾堆满了城垣内外。
昔日问津门,
今日已是无人问津。

白塔·川江行船的终点

地址：渝北区溉澜溪塔子山上　　现状：仍立于塔子山山巅上

川江溯水上行，过秭归、巴东、巫山、奉节、云阳、万州、忠县、丰都、涪陵，一路西行，**走州过府，遥遥千余里**。沿江两岸高山对峙，崖壁陡峭，江中滩峡相间，水流湍急，逆水驾舟，更是缓慢难行。然而每至一地，远远都会望见一座高耸的石塔，这是往来客商船工们最熟悉的身影，它是城镇的地标，更是精神上的寄托，**余下的数里水路，则如驾轻舟**。西来的舟楫货舶拐过白沙沱的大弯，又是一座远远就能望见、高耸在山顶上的七级白塔，此时的货主船工们终能长长地松一口气，焚香拜佛，因为**此行的终点——重庆府就要到了**。

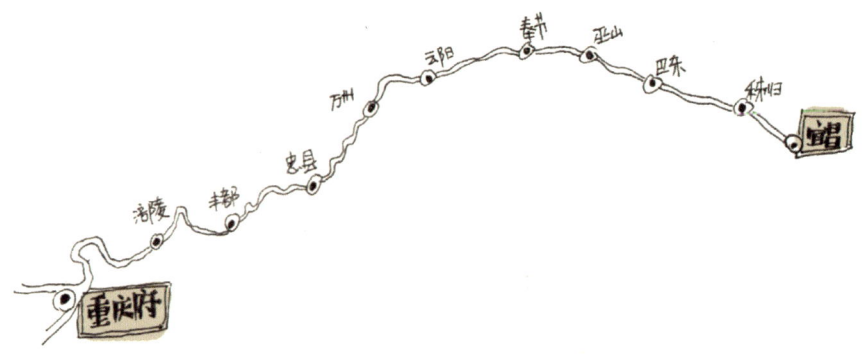

出江北城，沿江北行五里，有片老旧的村镇市集，村中原有一小溪，小溪源自九龙山，潺潺流水一路蜿蜒，最后汇入了长江。每至雨季，江水倒灌，与溪水相撞，激起朵朵浪花，形如兰，于是得了一美名溉澜溪。清光绪十四年（1888年），江北城的官吏士绅们集得资金，在溉澜溪旁的塔子山上，依原废塔旧基重筑了一座高塔。高塔七级六面，呈楼阁式，峻拔耸秀，因通体白色，当地人俗称它为"白塔"。白塔高约二十米，巍然屹立在塔子山山巅，与滚滚东去的大江互为映衬，为渝城一景，更是进入重庆府的水上行船标志。无论上行的商船，还是下行的货舶，远远翘首迎接你的是这座白塔，最后为你依依送别的，也是这座七级的白塔。

西来的舟楫货舶，
拐过白沙沱的大弯，
又是一座远远就能望见、
高耸在山顶上的七级白塔，
此时的货主船工们终能长长地松一口气，
因为此行的终点——重庆府就要到了。

白塔底层由红砂条石垒砌，中辟券门，楣上题额"X名胜迹"。塔身内砌青砖，外抹白灰，除檐口微微翘起外，并无过多的装饰，简洁素雅。塔内置有木制楼梯，拾级可登上塔顶，只可惜年久失修，早早地就朽塌掉了。白塔本名"文峰塔"，因与南山的另一座文峰塔重名，故又称白塔或塔子山文峰塔，以示区分。文峰塔是旧时地方官绅为兴本地文运而修筑的文塔，以祀文曲星，求魁星高照，甲第不断。早在乾隆时，重庆府就将江北从巴县划出，设理民同知，俗称"江北厅"，与巴县分而治之。巴县衙门于南岸云峰山巅筑文峰塔，江北厅则在塔子山顶建文峰塔，南北遥遥相望。每至乡试大比之前，巴县、江北两地的秀才生员们都会来到文峰塔前，恭恭敬敬地焚香祭拜一番，以求科场题名。

旧时水路，乃各地往来的交通要津，城市村镇都因江河而生，沿岸码头、市集、祠庙、古塔林立。江河水道虽能沟通各地间的往来，运送货物，但水波凶恶，常有舟楫船家被卷入江底，葬身鱼腹。旧时人信鬼神，认为定是水中有蛟龙兴风作浪，于是纷纷筑塔以镇之。因而在中国的古塔下，多有一个降伏恶龙的传说，塔下镇的不是龙头，就是龙尾。另外，在旧时望气者看来，水代表财运，大江翻涌而来，带来财富固然欣喜，但江水随即又滚滚东去，带走了当地的财运。于是地方官绅总会在江流的下口处寻坡高地，筑高塔以锁闭水口。这样一来，既镇住了风涛，锁住了财运，又兴了文运，调好了风水。因此在川江航道上，凡城镇下水口的山腰或山顶上，几乎都立有一座高高的文峰塔。如云阳文峰塔、万州文峰塔、涪陵文峰塔、长寿文峰塔、合川文峰塔……

今天人们出行，已再无水路一说。那些依水而兴、依水而立的码头、市集、街子、祠庙、石塔也渐渐离我们远去，成了僻居陋地的残物。即使那些曾被认为是这座城市最为重要的地标，如今也是少有人识。

作为重庆第一地标的白塔,实为旧时兴文运而修筑的文峰塔,以求魁星高照,甲第不断。同时又为一风水塔,永镇风涛,锁闭水口。

江北墟中寻·最后的江北老宅

地址：渝北区江北城内　　现状：已无存

《江北厅志》曾经这样描述："左观音梁绵亘江中，右岸石壁陡立，迤丽江岸，夹束江水，宛然洞然"。江北城位于嘉陵江与长江汇合处的北岸，地形呈圆锥形插入两江。两千多年来，它或为县治，或为厅镇，虽算不得重庆行政上的中心，但其七道面江的城门也迎来送往了无数条满载货物的商舶舟楫，历来为重庆府重要的物资集散地。早在二十世纪三十年代以前，这里就是老重庆集散两旺的水陆码头及工商口岸。

不知道从何时起，江北城逐渐衰落了，定格在了历史的碎片里。去过江北城的人都知道，那里至今还遗存着很多旧时期的建筑。有清末时的城垣，有百年前的祠堂老宅，有开埠后的拱券洋房，有冷峻肃穆的教堂庙宇，也有民国时期的青砖瓦屋……可见其昔日的繁华。然而这些都已成为过去。多少辈人苦心营造的江北老城仿佛就在一夜之间消失，整座老城被拆解成砖瓦，散落在地上。原因不是地震，不是火灾水患，而是要在这沉睡了三百多年的老城上建设新城。老街坊们带着记忆和行李离开了，见证历史的老街老房子也一一被推倒，唯留一片堆满朽木瓦砾的废墟。然而，不久江北城将建造起一座新的城市，与南岸弹子石、渝中半岛解放碑形成重庆新的商务中心。

乘坐长江索道来到江北城，寻找曾经的影子，发现有两栋联体的老建筑，不知什么原因还未拆除，它们孤独地立在一片废墟中，唯有门前的一株老树相伴。老屋坐北朝南，高两层，青灰色的墙体，乌瓦小窗。左边的大门为八字形，右边是砖砌的拱券门，门上都嵌有一匾，留下的刻字早已模糊不清。整栋建筑单纯而质朴，几处利用砖的不同拼砌方法而形成的各异的图案，使古朴的青砖瓦房多了几分雅致和情趣。屋内则是一片破败，梁柱裸露，有些已经垮塌，精美的石刻和木雕也纷纷被人撬走……

最后的江北老宅

老宅内景，一片狼藉

讲究的门楼

圆柱楣饰都带有浓郁的异域风情

测候亭·西南最早的官办气象观测站

地址：渝北区老江北城　　现状：保存较好

在如火如荼的紧张拆迁中，老江北城已经成了一片废墟。我们漫无目的地走在瓦砾之中，希望能在这片废墟中寻找到一点点江北老城的影子。就这样，老城垣、老城门、明代古墓、天主教堂、零星的民居一个个浮现在我们面前。最后，也有了测候亭的出现。

测候亭，一个对于今人来说十分陌生的称谓，若换作当代的叫法，它应被称为"气象观测站"。测候亭立于一片高高的坡地台基之上，坡下都已成了废墟，唯有这座高亭和身后的黄桷树相依而生。上得坡来，走进小院围合着的测候亭，两三间青砖乌瓦的平屋，壁上以白灰塑着一排大字，"江北县建设局测候所，民国二十一年一月建"。屈指一算，距离今天也有七十四年了。平屋斜向与一八角的高亭相连，这就是仿传统亭阁样式建造的测候亭。亭下以花岗条石作基，上砌青砖，墙的每面均开有一扇百叶长窗，以便观测。屋顶是重檐的八角攒尖，还生满了花草，很是好看。

早在1743年，西方传教士便开始在我国北京建立测候所，进行气象观测。1840年鸦片战争后，西方各国先后在他们势力范围内的城镇口岸设立气象台站。1891年，被英国人掌控的重庆海关在南岸玄坛庙设立测候所。早时的测候所因陋就简，仅在五十多平方米的狭小场地上安置了一些诸如百叶箱、风向风速器、雨量计、日照计、温度计等简易仪器。由于缺乏专业的气象人员，所有观测都由当时的会计等行政人员所兼任。每日所测得的数据皆向上海徐家汇观象台汇报，并转至香港天文台。这些气象监测结果，主要用于航行、军事等，并不服务于百姓。由于江北嘴背山面江，地理条件独特，重庆当局于1923年在江北城建立了这座西南地区最早的官办气象观测站，以观测气压、温度、湿度、日照、风向、降水量等。从此，重庆开始使用仪器观测气候、预报天气。"七七事变"后，重庆成为战时首都，除了各政府机构、学校、工厂等迁来重庆外，国民政府中央研究院气象研究所也从南京移来山城，开始了重庆地区天气预报的观测。

西南地区最早的官办气象观测站

江北古牌楼·石坊重重,江北古驿道

旧时中国的城镇乡村,凡驿道要津处多立有一座接着一座的冲天大牌楼,这些牌楼或石,或木,或彰显功德,或标榜荣耀,或旌表节孝,以教化乡人。数百年下来,全国各州府县乡,无处不是牌楼林立,**石坊重重**,俨然一座巨大的木石雕刻博物馆。然而在1949年以后,那些彰显旧时人功德文运节孝的木石牌坊,那些刻满旧时人赞誉之辞的美丽石头,成为人民破除的对象,因此要想在中国城市寻上一座冲天大牌楼,已非易事。

九开八闭十七门的重庆府暂且不说,仅着江北县一地,过去就有明清时所立石木牌坊八十余座,如功名坊、节孝坊、道法坊、陵墓坊、标志坊、乐善好施坊等。这些牌坊大多分布在县境东西五个"甲"坝的交通要道上。随着时局的动荡,至解放初期仅余牌坊四五十座。"文革"一劫,江北牌坊惨遭灭顶之灾,大量雕镂精美的石木牌坊在破"四旧"中悉数化为碎石烂木。粗大的石料送至工地,铺路建房修水坝,精巧的木件则送入了火塘。偌大个江北仅遗下两处石坊,一在龙溪镇,二在人和镇。

王氏节孝坊　　地址:渝北区龙溪镇　　现状:移至巴渝民俗文化村

出江北城北行,有一石板古道,此为江北县城至人和、鸳鸯、两路等地的驿路通衢,那些标榜荣耀、教化乡人的石牌坊就沿着这条古道上的镇子乡场一路铺排开去。龙溪王氏节孝坊便是这其中的一座。王氏节孝坊建于清光绪三十年(1904年),由当朝天子赐建,距今也有了百余年的历史。在江北县的牌坊中,表彰妇女贞节的牌坊最为普遍。按大清律,凡守寡满二十五年以上,白首完贞,其间未传绯闻,年龄不超过五十岁的节烈之女,经地方官吏上报,朝廷考察核实后,便由皇帝亲自御批下旨设立贞节牌坊,以标榜家族的荣耀。

江北龙溪王氏节孝坊

王氏节孝坊为楼式庑殿顶构架，四柱三楹，歇山三重檐，通体全由花岗条石雕凿而成。石坊高近十四米，阔约九米，檐下置石斗拱、石阑额、须弥座。正面额枋悬镂雕龙纹石匾，上正书"圣旨"二字。此座石坊凡柱、枋、楣、额、檐等精细处无不饰满雕华，祥云、瑞兽、花果、诗文题记，坊楣上镂有多层浮雕，刻的都是戏文中的故事，如《郭子仪祝寿图》、《三英战吕布》等，其场面宏大，繁疏得当，人物多达百余人，且个个神态各异，栩栩如生，颇有鬼斧神工之妙。

余氏节孝坊　　地址：渝北区人和镇锦绣山庄　　现状：现移至照母山森林公园

　　余氏节孝坊建于清道光八年(1828年)，乃道光皇帝敕建。石坊四楹三柱，仿木结构牌坊，单檐歇山顶。全坊上下间架有致，搭配均衡匀称。这座石坊不仅建筑结构自成一格，别具风采，而且集雕刻、绘画、匾联文辞和书法等多种艺术于一身，具有极高的审美价值和丰富而深刻的历史文化内涵。传统的石雕技法如圆雕、透雕、高浮雕、浅浮雕、平浮雕、阴线刻等，在这里都得到了广泛的应用。牌坊两面刻有大量图案纹饰和题记诗文，都保存得十分完好。

　　石坊檐下悬镂雕龙纹石匾，上正书"圣旨旌表"四字。匾下题额"节孝"，周围饰官宦、罗汉、戏文、花卉等形象，额下枋间题书"处士李廷表之妻余氏坊"、"男昌孙文星文昭文斗文宣文甲"。门间楹柱分别镌有"大清道光五年十二月十八日钦奉"、"大清道光八年十一月二十四日立"。

　　古人立牌坊是一件极其隆重的事。每一座牌坊都蕴含着丰富的内涵和象征意义，而这些内涵和象征，主要就是通过牌坊上雕刻的各种图案花纹，用隐喻手法表现出来。如象征力量和威武的狮子，象征运气和幸福的蝙蝠，象征长寿、健康、吉祥、如意的花卉和器物等。这座石牌坊雕刻有多幅历史故事和场景，其人物造型栩栩如生，惟妙惟肖，是不可多见的石雕艺术精品。此牌坊建于道光八年，虽经历了百多年的风雨，但依然完好，只有局部风化和少数人物雕刻的脸部被铲掉。

　　牌坊是中国古建筑中很常见的一种建筑形式。牌坊最初叫作衡门，也就是在大门的位置竖立两根柱子，搭一根横梁。汉代以后，中国的城市渐渐发展起来，城内被纵横交错的棋盘式道路划分成若干块方形居民区，这些居民区被称作"里坊"。据历史文献记载，里坊中如果出现好人好事，便须在坊门上张贴通告，以示褒奖，由此坊门衍生出了新的功能。人们为了能使坊门上张贴的褒奖告示长存，就用更加坚固的材料另外制作坊门，篆刻褒奖事由，这就是牌坊的雏形。到了宋代，里坊制度逐渐被打破，而牌坊这种建筑形式则渐渐形成一定格式延续下来。随着以程朱理学为代表的封建观念意识的普及和深入，明清时期，牌坊的发展达到了鼎盛。

江北人和余氏节孝坊

多功城·宋元风云，烽火石头城

地址：渝北鸳鸯镇的翠云山　　现状：保存较好

七百多年前的亚欧大陆上，蒙古骑兵曾横扫各国，凭借着强悍的草原骑兵，攻克西夏、金、西辽，打败宋，战线一度到达波斯湾。而战事的真正扭转却发生在重庆。是重庆的城池，阻止了蒙古骑兵进一步的扩张。蒙古人"先取全蜀，蜀平江南可定"的战略在巴蜀山水间失败。

南宋宝祐六年（1258年），蒙古军队在蒙哥的率领下入侵四川，一路南下，第二年便打到合川钓鱼城。城池守将王坚率军民奋力抵抗，化解了蒙军的一次次进攻。1259年7月，蒙哥大汗亲自督战，不幸被击落马下，后不治身亡。被称为"上帝之鞭"的蒙古大军无奈之下大举撤兵。钓鱼城保住了，重庆也免于战火，同时也牵制了蒙古骑兵向亚洲和欧洲的推进。小小的城池，小小的战略，从此改变了历史。重庆保卫战可谓是当时整个欧亚战局中的奇迹。

为什么蒙古骑兵在重庆受挫，五个月久攻不下一座小城池？重要的原因就是，当时的宋军有一套完整的因地制宜的防御体系。在蒙古大军的猛烈攻势下，南宋理宗淳祐二年六月，朝廷任命兵部侍郎余玠为四川宣谕、制置使兼重庆知府，建立防御蒙军的最后防线。余玠任职后着手修建钓鱼城、多功城等防御工事，因地制宜采取了依山筑城、恃险据守的防御策略，构筑了一个规模颇大的山城防御体系。这个体系如一张立体的大网，形成了"如臂使指，气势联络"、"守点不守线，联点而成线"的优势。修建城池的时候，并充分考虑到了其地形地貌和战略位置，既有天然的屏障，也便于水运往来或调兵遣将。而且，巴蜀之地多山多水，习惯于平原作战的蒙古骑兵很难发挥优势。这些位于山顶之上的城池不仅有充足的水源，还可耕种良田。这种自给自足的防御系统可说是得天独厚。

这个体系浑然一体，庞大而周密，防御以重庆城为中心，并作为坚实后盾和物质保障，嘉定凌云城、合江神臂城、万县天生城、奉节白帝城犹如两翼护住长江。钓鱼城为前锋线中心，借助嘉陵江流域和江上的多功城、青居城、运山城、大获城、得汉城、小宁城、平梁城、大良城、铁峰城、云顶城形成一道不可逾越的防御工事。有书形容："皆因山为垒，棋布星分，屯兵积粮为必守计"。 这些城池大小不一，却遥相呼应，纵向从北到南，横向从东到西，加之巴蜀多山多水，蒙古骑兵不善山地作战，因而把蒙古大军阻挡在长江以北，缓解了紧迫的战事。

这个山城防御体系的很多遗址至今尚存：

钓鱼城，在今合川县东北5公里，嘉陵江和渠江、涪江交汇处。
重庆城，今重庆城区，长江与嘉陵江交汇处。
嘉定凌云城，在今乐山市的岷江东0.5公里，岷江、青农江、大渡河交汇处。
青居城，今南充市南17.5公里，下临嘉陵江。
大获城，在今苍溪县南15公里，下临宋江(今东河)。
云顶城，在今金堂县南25公里，东临沱江。
天生城，在今万县市西2.5公里，下临长江。
铁峰城，在今安老艾关北面。
运山城，在今蓬安县东南15公里，下距嘉陵江7.5公里。
紫云城，在今犍为县东南7.5公里，东临岷江。
平梁城，在今巴中县西12.5公里，下距巴河5公里。
小宁城，在今巴中县东66公里，下临南江。
得汉城，在今通江县东北60公里，南距大通江2.5公里。
大良城，在今广安县东北40公里北临渠江。
神臂城，在今合江县西北30公里下临长江。
白帝城，在今奉节县东5公里，下临长江。
赤中城，在今梁平县西12.5公里。
多功城，在今渝北区西南10公里，下临嘉陵江支流清溪。

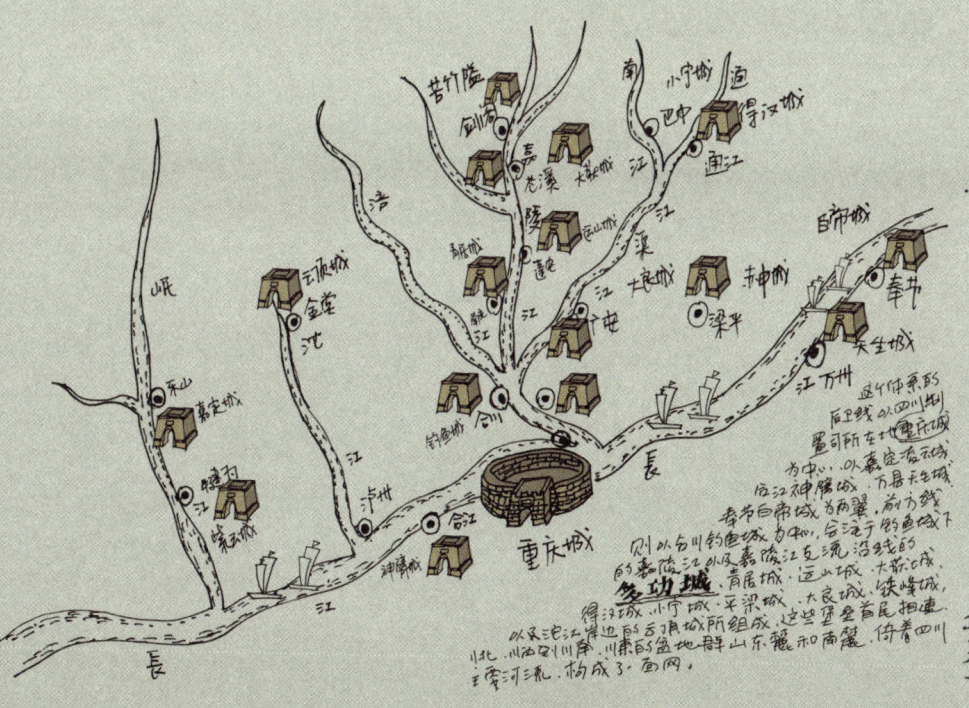

多功城就坐落在渝北鸳鸯镇的翠云山上,是一座八百年前曾经抵抗蒙古骑兵南征的坚实古代军事城堡,与钓鱼城一起成为南宋军民坚持抗元斗争的姊妹城。钓鱼城早已名扬天下,而多功城却一直鲜为人知。

顺着翠云山西南麓崎岖的小路向山顶攀爬,这条路曾经是连接合川钓鱼城的古官道,可通重庆城。山岗上有一道斑驳的石墙,墙上杂草丛生,黄桷树的根系也深深地附着在石墙上,城墙的外形依稀可辨,这就是南宋时期由重庆知府余玠修建的军事要地多功城遗址。整座古城墙基完整,就着山势蜿蜒地矗立在陡峭的岩崖上,围合成不规则的椭圆形。城堡占地面积两万平方米,南北长约200米,东西长约100米,北大南小。多功城虽然不大,城墙也不高,有些地方甚至塌陷,但从下向上仰视,依然感觉气势恢宏,外形雄伟。

城东、西各有两道形制相同的楔石券拱城门,门额上分别刻有"东城门"和"西城门"等字样。据以前遗留下来的石碑和《巴县志》的记载,修筑多功城的时间应该在宋朝咸淳年间。在城墙上登高远眺,可环视四周的地形地貌。多功城是一道屯兵积粮、扼守要冲的天然屏障,山下的景致一览无余。远远望去,渝中半岛、佛图关、歌乐山、北碚出现在地平线上,甚至华蓥山也隐现天际,嘉陵江若隐若现地泛着金光。阵阵山风从远处呼啸而来,八百年前的厮杀声似乎一直回旋在古城上空。

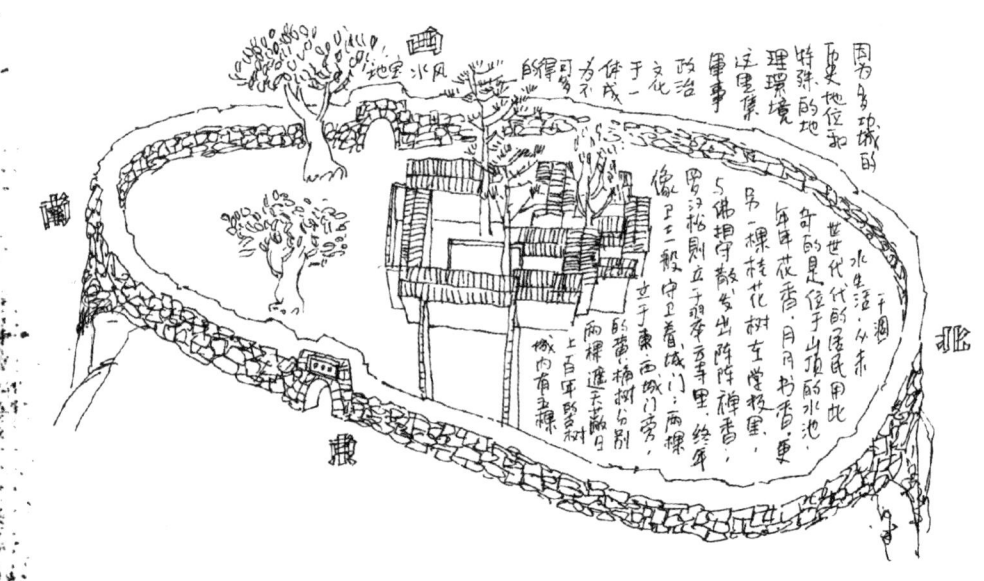

多功城坐落于江北的翠云山上,
是一座八百年前
抵御蒙古铁骑的堡垒要塞,
与钓鱼城一起成为宋末军民抗击元军的姊妹城。
钓鱼城早已名扬天下,
而多功城却一直鲜为人知。

据说，清代嘉庆年间当地官府为了抵抗白莲教起义，曾利用多功城修建翠云寨和翠云寺。如今，翠云寺仍在，只是有些破败，寺庙里的佛像早已不知去向，唯有石窟门饱经风霜，门上刻有对联，上书"花雨弥天"。民国时期，这里曾经是远近闻名的国民党女子中学部的校址，当年附近几个县的达官贵人的女儿均在此念书。新中国成立后，继续沿用这里的校舍，改名为"花朝小学"，直到10年前搬出多功城。因为多功城的历史地位和特殊的地理环境，这里集军事、政治、文化于一体，成为不可多得的风水宝地。城内有五棵上百年的古树，两棵遮天蔽日的黄桷树分别立于东、西城门旁，像卫士一般守卫着城门；两棵罗汉松则立于翠云寺里，终年与佛相守，散发出阵阵禅香；另一棵桂花树则在学校里，年年花香，月月书香。更奇的是位于山顶的城里有一口水池从未干涸，世世代代的居民靠此水生活。

多功城虽然有着曾经的辉煌和喧嚣，现在却安静而平和，如世外桃源一般。靠近西城墙段是一丛茂密的竹林，林中有一条小径。我们沿着墙边的小径进去，看见几栋普通的农舍，屋前屋后种着果树。绕过农舍，眼前的光景让我们兴奋不已。一大片粉红的桃花开得正艳，在春风中摇曳生姿，各种不同层次的绿色菜地铺在山岗上，春意盎然。四周沧桑的城墙上长着野草，开着野花，似乎成了农家小院的栅栏。我们随意地和在地里做农活的人攀谈起来，得知整座多功城就只住着一户姓肖的人家，目前有四房十几口人。肖家祖上一直看护着翠云寺，已有四代人的历史了。因为一直与古城为善，侍候神灵，使得古城保持了原貌。也许是菩萨显灵，或是善有善报，肖家在这世外桃源中的生活悠闲自得。如今快速的城市化进程，使城市边缘慢慢地延伸至翠云山，到了古城脚下。在不久的将来，多功城多年的宁静将被打破，但愿肖家能永结善缘。

西城门　　东城门

东城门　　多功城中的翠云寺门楼

依山望水香烟袅

在我们的印象中,重庆城的上上下下总是塞满了高楼,插满了马路,若没有那些倾斜的坡道、层层垒砌的石梯堡坎,我们真很难想起这曾是一座山,一座平均海拔四百米的绵亘山脊。然而早在百余年前,这满是水泥钢筋的山脊上却是古木参天,莲池密布,寺院宫观点缀其间,香烟飘袅。但凡遇上良辰吉日,山下的商民士绅便纷纷上得山来,进香还愿,听经礼佛。

罗汉寺·千年西湖水，宋代古摩崖

地址：渝中区民族路罗汉寺　　现状：存宋代古摩崖

罗汉寺，重庆闹市中的一方千年佛寺。佛寺四周立满了楼房，高的低的，塞得是满满当当，全是那种近几十年陆续修造的粗陋建筑。或许正是这种梵音与尘世混搭的怪异气场，剧组选中了重庆，也看中了罗汉寺，拍出了一部病态社会的荒诞故事——《疯狂的石头》。罗汉寺很快就火了，接下来是再造，雕梁画栋，殿宇巍峨，香客游人络绎。

重庆因水而生，千百年来，其城垣、署衙、街肆、屋舍都沿着长江、嘉陵江依山傍水而筑。而今天繁华的解放碑、小什字、七星岗一带则是人稀地荒的山脊高岗。山脊旧称"大梁子"，西高东低，顺着江势，从西南一直延伸至东北的朝天门，横亘于城中。脊上古树参天，林木森然。山上的溪水蜿蜒而下，穿花绕树，在城的山崖上形成无数条清泉飞瀑，其中位于城北的洪崖洞就为古时重庆的一大胜迹，古称"洪崖滴翠"。脊上多洼地，时间一长，集水形成诸多的湖塘池沼，星罗棋布。如这临江门内的文庙夫子池，池周约近三百米；再如解放碑附近的白龙池，三国时代就已形成，满池的莲香，游鱼可数；又如七星岗的莲花池，邻着巴将军的衣冠冢，池上水榭亭台，荷叶连连，又名"涵园"。除此之外，还有浩池、洗墨池、碧云池、七星池等大大小小池塘十余处。诸多池塘中，规模最盛的当数位于今小什字一带的西湖池。

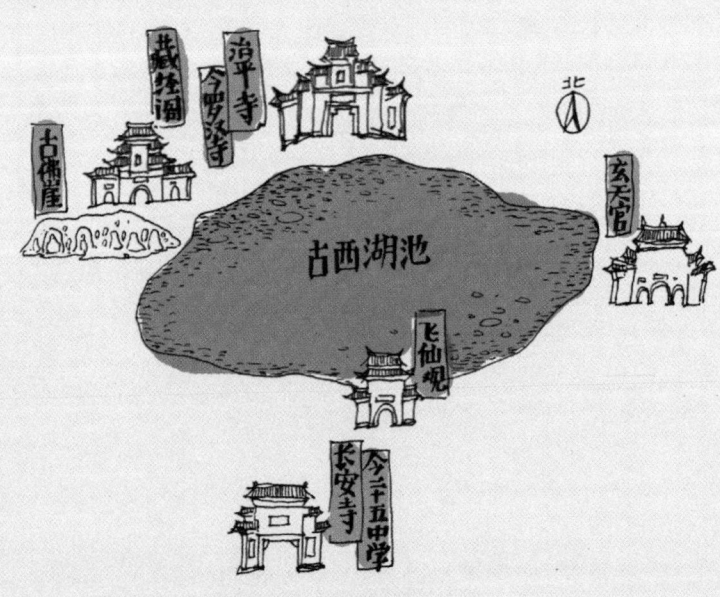

北宋治平年间，祖月禅师在古西湖旁开山弘法，后寺僧依崖凿佛，在长约二十余米的石岩上，雕凿出四百余尊佛祖菩萨罗汉及供养人的造像。

西湖池，古名"澹泉"，千百年来山岩滴水汇集而成，阔约数亩，湖中置有亭台，相传苏东坡、黄庭坚等人还曾来此游乐。明代四川状元杨升庵也曾游历西湖，与湖畔寺僧寿庵禅师于亭中品诗赏文，谈佛论道。自古以来，西湖池就是重庆官民游冶宴饮之所，湖畔石壁上曾留下许多前人的诗文题记。入清多年后，西湖池逐渐干涸，人们在西湖故迹上修建起龙王庙、二郎庙，烧香祈愿，以求水运平安，风调雨顺。

古时的重庆府，两江沿岸满置码头渡口、街市坊肆，人们若想上香还愿，听经礼佛，多得上至山脊。自唐宋以来，僧侣官吏们就在重庆城的高岗上广筑佛刹宫观，如长安寺、能仁寺、玄天宫、飞仙观、东华观、关帝庙……寺庙丛集，青烟袅袅，仅西湖池周就有治平寺、玄天宫、飞仙观、二郎庙、龙王庙等诸多寺观祠庙，前来焚香礼佛的商民络绎不绝。然而短短数十年下来，留有遗迹的仅治平一寺。治平寺即为今天的罗汉寺，其山门内至今还立有一方镌于明天启三年（1623年）的古碑，上书四个大字——"西湖古迹"。

北宋治平年间，有位法号祖月的高僧来到重庆山脊上的古西湖旁，见湖畔崖上生有石窟，心有所悟，于是开山弘法，依崖石兴建僧院，并以宋英宗赵曙的年号为寺院命名为"治平寺"。崖上的两个古洞窟，分别取名为"罗汉"和"先天"。后寺僧凭崖凿佛，在长约二十余米的石岩上雕凿出四百余尊佛祖菩萨罗汉及供养人的造像，其释迦涅槃造像神态安详，慧眼微闭，似睡非睡，与大足宝顶山上卧佛石刻颇为相似。自佛造像入东土以来，僧侣工匠们沿着丝绸古道一路东行，沿途在克孜尔、柏孜克里克、敦煌、麦积山、榆林、云冈、龙门等地留下了无数石窟艺术精品。但盛唐之后，中原地区却再无了大规模的石窟造像。安史之乱，唐玄宗带着大批朝臣官吏入了西蜀，与此同时，中原的商贾、僧侣、画师、工匠也纷纷迁徙入蜀，循着古蜀道在广元、巴中、大邑、邛崃、蒲江、丹棱、绵阳、荣县、夹江、安岳、大足等地留下了大量的石窟造像，形成一条由北至南的唐宋石窟艺术长廊。而重庆罗汉寺这一壁小小的摩崖造像，虽算不上多具规模，但或许正是石窟造像南行的最后一程。

明末清初，张献忠入川，治平寺毁于兵燹，殿宇庙堂尽成瓦砾。直到清康熙五年(1666年)才得以恢复重建。乾隆十七年(1752年)，人们在修缮治平寺时，又在一旁增筑了"龙神祠"，即"龙王庙"，以求龙王庇佑。光绪十一年(1885年)，方丈隆法禅师重修庙宇，效仿四川新都宝光寺，塑五百阿罗汉，兴建罗汉堂，并更寺名为"罗汉寺"。1942年，罗汉寺毁于日机空袭，历代禅师僧侣苦心经营的罗汉寺，仅遗下山门和那一壁宋代的摩崖石刻。五年后，重庆各界捐资再度恢复了这方禅林，使得香火得以延续。在"文革"浩劫中，罗汉堂的那五百多尊阿罗汉又再次被砸得个稀烂……

千年罗汉寺也算得上是几兴几废，盛衰数度。张献忠的屠戮焚城，虽然早灭绝了人性，却很少被人说起。日本人的炸弹，自是战争暴行，永世为人所诟骂。红卫兵的作为，也很少被人提及了。

罗汉寺宋代古摩崖

罗汉寺宋代古摩崖

东华观·六百年藏经楼

地址：渝中区凯旋路73号　　现状：现为印制十一厂仓库，底楼一角为火锅馆

山城重庆既地处西南内陆，又有山峦江险所阻，历来少有战事。哪像那群雄逐鹿的中原，兵锋屡指的江南。就算横扫欧亚的蒙古勇士前来挑衅，也丢了条大汗的性命。哪料到，大西王张献忠入川，川人尽遭屠戮，川城也悉数被焚毁。以至于在成都、重庆等地很难再找出清以前的地面建筑来。除了那些烧不毁砸不烂的石刻石碑石坊石头城，偌大个重庆府也就**仅存一栋明朝的遗构，且猥琐得厉害，躬身于马路堡坎之下。**

据记载，早在元至元年间，也就是蒙古勇士攻陷重庆城后，大元帝国在今储奇门内建造了一片规模宏大的道家宫观东华观。《蜀中名胜记》载："城中有东华观，观后有东华十八洞，皆相通，相传东华真君于此得道"。东华真君乃全真教教主，而这全真教与元帝国的关系也用不着多说了。明天顺七年(1463年)、明正德十一年(1516年)，东华观先后得以重修，重修后的宫观阔千余平方米，分下、正、上三大殿，以及一座飞檐高翘的藏经楼。

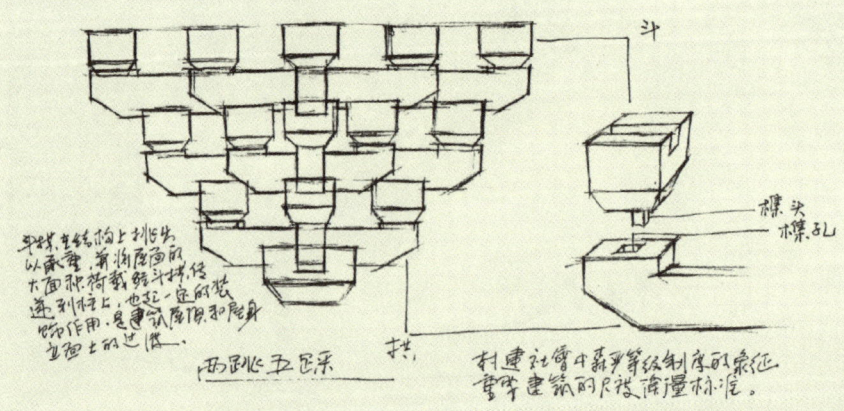

东华观藏经楼,
重庆城区最为古老的木结构建筑。
飞檐高翘,做工极为精湛,
只可惜几经改造,
渐沦为马路路基下的一栋残破老楼。

入民国后，宫观开始改变了其用途，或慈善机构，或团防，或学校，或山货同业公会等等。1926年10月，一场突来的大火烧毁了这座古道观，仅存灵主殿、玉皇殿、藏经楼等遗构。1939年，东华观再遭日机轰炸。1942年，国民政府修筑凯旋路，东华观被公路所贯穿，路上是藏经楼，路下是灵官殿，公路的堡坎就齐着藏经楼的飞檐，擦身而过。再后来，明代的铸铜像、清代的泥塑金身玉皇像都在"文革"中化作了铜水泥砾。上世纪五十年代，几经蹂躏的东华观终改为了自食其力的工厂车间。直到今天，你若去凯旋路一带打听东华观，或许少有人知。若问印制十一厂，无人不晓。

　　如今的东华观藏经楼坐北朝南，蜷缩在凯旋路的转弯处，前立一栋五层的高楼，后抵凯旋路的路基，完全被挤在堡坎和高楼的夹缝中，令人压抑和窒息。藏经楼早在上世纪五六十年代就住进了人家，数十年的烟熏火燎，早已是破败不堪。老楼隔着堡坎露出重檐歇山式的大屋顶，殿顶覆黄色琉璃，殿脊则以绿色琉璃相间，脊上饰物仍清晰可辨，高翘的飞檐几乎与马路齐平。藏经楼系抬梁式结构，梁柱斗拱等木构用料考究，做工精湛，在整个重庆市区称得上是最为古老的木结构建筑。

　　中国自古多寺院宫观，无论是历朝天子所敕建的古刹禅林，还是民间乡人自发集资修造的村头小庙，寺、庙、祠、观、庵等遍及中国的城镇乡村。只可惜张献忠之乱、太平天国之乱，几乎荡平了长江以南、明清以前的所有寺庙祠观。"文革"及后世之劫更是摧毁了整个华夏的寺庙祠观，后虽经修葺复建，其数量已远不及前。

藏经楼，
早在上世纪五六十年代就住进了人家，
数十年的烟熏火燎，
早已是破败不堪。

关帝庙·尘嚣间的武圣大庙

地址：渝中区较场口建设公寓内　　现状：二楼闲置，一楼分别为道教协会和茶楼，后拆除

　　重庆的解放碑无疑是这座城市的第一地标，无论文宣、集会、购物，所有一切皆以其为中心。然而"解放碑"一名仅仅只有近六十年的历史，在过去的千百年间，它有另一个旧名——督邮街。

　　督邮街的得名来自于汉时的"督邮"一职，即负责传达政令、督察属吏等。后明清沿袭了此名。旧时的督邮街远不及今天的繁华。下半城的东水门、太平门、储奇门等商肆码头早已将这座城市的商气人气吸纳殆尽。高坡之上，唯有寺院府宅，是那些官宦人家、豪商富户为图个清静营造的花园府邸。抗战期间，重庆转瞬由西南小城升级为临时首都，那下半城的水门水码头再也容不下大批迁移至此的政府大员。于是主城区由下半城转到了上半城，督邮街很快成了陪都的第一繁华大街。1939年，督邮街得以拓建，并取了新名，上为"民权路"，下为"民族路"。1941年底，国民政府在督邮街十字路口处树起一座"以示全民抗日救亡之决心"的木质堡垒，人称"精神堡垒"，堡垒后毁于日军空袭。战后，国民政府在堡垒旧基上重树高塔，起名"抗战胜利纪功碑"。新中国成立后，也顺理成章地更名为"人民解放纪念碑"。现今的解放碑一带商业繁华，热闹得厉害，但就在这一片时尚潮流之中，却静静地立着一座古老的祠庙——关帝庙。

　　关帝庙位于原督邮长街的最西端，正因为有了这座庙，人们又把庙前街肆称之为"关庙街"。在中国的城池建设中，有五大建筑必不可少，他们分别是城隍庙、文庙、武庙、火神庙、财神庙。其中文庙、武庙分别供奉着被民间尊称为"文圣"的孔子和"武圣"的关公。据史书记载，督邮街关帝庙始建于明代，后毁于明末战火。清康熙三年（1665年），四川总督李国英予以重建。同治二年（1864年），关庙又得以再度重修。入民国后，岳飞塑像并入关庙，与关帝同祀。旧时的关帝庙规模宏大，重楼叠宇，占地五千余平方米，常住道士二十余人。关帝庙历来为重庆乃至川东地区重要的道教活动中心，民国时期的巴县道教会、重庆道教会、四川道教联合会均设址于此。每年的农历二月十五、八月十五等重要节日，香客信众们相约齐聚关帝庙，焚香祈福。抗战期间，较场口大轰炸惨绝人寰，尸骨遍地，为追

悼在大轰炸中遇难的死难同胞，关帝庙于1941年农历七月十五举行了15天的盂兰盆会（即中元节，为超度祖先亡灵所举行的仪式），为大轰炸死难者超度亡灵。

在较场口附近的建设公寓内我们找到了最后的关帝庙。关帝庙如今仅遗下一间抬梁式木构大殿，二层重檐歇山顶，阔约三百平方米，从覆盆式的石柱础仍可以看出其明代风格的建筑特点。由于年久失修，大殿破损得十分严重，后虽屡有修缮，但皆为蜻蜓点水，甚至还失去了原本的旧貌。大殿内原供奉有一尊青铜铸造的关圣帝君像，美髯宽袍，威武凛然。后被移至重庆市博物馆珍藏。如今关帝庙底层部分房屋开为商业铺面，另一部分仍为重庆道教协会使用。

涂山寺·千古禹王庙，涂后化身石

地址： 南岸区涂山之上　　**现状：** 存殿堂若干

涂山，传说中大禹娶妻之地。在古史记载中，涂山有三处，一在安徽怀远，一在浙江会稽，还有一处就位于今天重庆的长江边上。据东晋常璩《华阳国志·巴志》记载："禹娶于涂，辛壬癸甲而去，生子启呱呱啼不及视，三过其门而不入室，务在救时，今江州涂山是也，帝禹之庙铭存焉。"北魏郦道元《水经注》载："江之北岸有涂山，南有夏禹庙、涂君祠，庙铭存焉。"

相传当年大禹受命治水，途经江州，与涂山女相遇，二人情投意合，一见钟情，结为了夫妻。婚后数日，大禹因有天命在身，不得不告别娇妻，离家去治理洪水。这一去就是三年，涂山女为盼夫归，天天守候在江边，日久天长竟化身为石。人们为纪念大禹和涂山女，将这方巨石唤作"呼归石"，又称"夫归石"，并在涂山上建禹王庙、涂后祠，供奉禹王与涂后的塑像，世代祭祀。后又在禹王庙旁兴筑真武寺，故涂山又称"真武山"。唐元和年间，白居易被贬忠州刺史，他从长安出发，经剑阁入川，辗转来到渝州，因慕禹王功德，投宿至禹王庙，小住了数日，临走时写下一首《涂山独游》诗："野径行无伴，僧房宿有期。涂山来去熟，唯是马蹄知。"南宋诗人陆游也曾作有一首《涂山禹庙诗》，"古都巴蛮国，空山夏禹祠"。明清时，人们在原禹王庙、真武寺基础进行了拓建，将寺庙合一，更名为"涂山寺"。

涂山寺乃渝州最为古老的一座寺院，且又有大禹王娶涂山氏的传说，自古以来皆为香火最盛处，尤其是每年的正月初一到十五，城里和四乡的士绅百姓纷纷扶老携幼，渡江至涂山，朝山进香，祈求禹王涂后的护佑，赐财赐福。香道沿途也是摊贩铺席连绵，香烛祭品、茶食素斋、四乡土产，无一不俱，尤为热闹。解放后，涂山寺渐渐断了香火，禹王治水碑和铁桅杆也了无踪迹，即使后来再重开山门，香火也已大不如前。

涂山脚下，长江岸边，人们在传说中的"禹王遗踪"处立起了一大堆生猛的城市景观雕塑，什么诞子石雕塑、禹王雕塑、大禹治水雕塑等，作为南滨公园的一处人文景观。专家学者齐上阵，将禹王涂后的传说演绎得淋漓尽致，大打禹王禹妻故里牌。而传说中那方禹妻化作的呼归石，千百年来始终静静地立于江滩，依旧年复一年地等候着夫君的归来。然而自高峡出了平湖后，呼归石随着水位的上升，逐渐成了江心的一块礁石。此时的呼归石因形势的需要，转瞬间又被剥去了她那美丽的外衣。"它是一个与大禹治水毫无关系的普通石头"、"是乌龟石"、"是制造了无数血与泪惨剧的礁石"、"是阻碍万吨船舶驶进重庆的障碍"、"是应该舍弃的坛坛罐罐"……奥运那年，经过多次爆破，呼归石终彻底没入滚滚江涛中。

涂山寺老山门

瓷片拼筑的龙形山墙

大佛寺·元末大夏皇帝像

地址：南岸区弹子石大佛段　　现状：存五佛殿及大佛造像若干

开凿于唐开元元年的乐山大佛,天下闻名。当年海通和尚立志在三江汇流处凭崖凿大佛,就为减杀水势,永镇风涛,"**易暴浪为安流**"。然重庆出朝天门下行的长江边上,也立有一窟大佛造像,虽体量远不及乐山大佛,雕凿手法也略显怪诞笨拙,但却是这万里长江上的"第一佛"。其**憨态的弥勒、钩鼻的文殊、独眼的普贤**也为中国佛造像中所仅见。

嘉陵、长江二水自在朝天门沙咀交汇后,先随势北上,忽又再急转南下,形成一个巨大的"n"型江弯。江弯一带,水势凶猛湍急,常有舟楫在此覆没,船毁人亡。为保水运行船平安,人们在江岸的山崖上寻得一方石壁凿石造佛,筑殿崇奉,取名"大佛寺"。无论下行的货舶,还是上行的商船,途经此崖都得好生顶礼膜拜一番,求得一帆风顺。大佛寺始建于元朝,明永乐十九年(1421年)重修,筑有山门、大佛殿、五佛殿、王爷殿、观音殿、玉皇殿、毗卢阁、大雄宝殿、望江亭、念佛堂、禅堂等殿堂僧房若干,阔约三十余亩,香火鼎盛。后几经劫难,现仅存五佛殿及江岸旁的大佛造像。

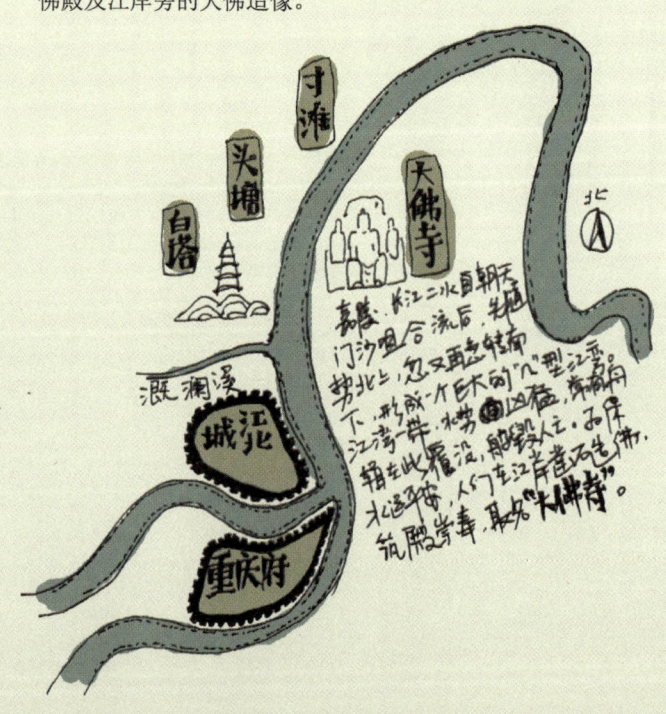

大佛寺五佛殿普贤菩萨造像

大佛寺造像分为上下两窟，下窟临着江岸，石崖凸立，窟内凭崖雕凿出一佛二弟子的造像。弥勒大佛通高近八米，面江跏趺而坐，其身披袈裟，发髻高耸，面相神情远不同于我们日常所见低眉细目、颔首俯视、妙相庄严的弥勒造像，透出的反倒是种世俗化、平民化的圆润和敦厚。大佛两侧各立一弟子，身着袈裟，左为伽叶，右为阿难，双手合十作礼，高两米有余，其面容憨态可掬，十足的可爱。石窟左侧的崖壁上镌有一方清道光二十四年(1844年)的题刻，上书"大慈、大悲、大原；佛骨、佛眼、佛心"。

上窟位于下窟的后上方，即五佛殿。五佛殿面阔五间，殿上悬有清康熙四十四年（1705年）四川布政使题写的"法眼观澜"横额。殿内石崖上凿有同样面朝着长江的三佛二菩萨造像。三佛乃三世佛，其体态丰盈，并排跏趺坐于龟兽和仰覆莲台上。左右相向者为坐白象的普贤菩萨和骑青狮的文殊菩萨。五尊造像高约四米，加上基座则高达六米。看似常见的三佛二菩萨像，但若看得仔细，则大不同于以往所见。三世佛倒与寻常一样，法相庄严。普贤、文殊二菩萨则完全另一番行头。穿汉服，裹头巾。文殊菩萨鹰眼钩鼻，一脸的霸气杀气。普贤虽说面带微笑，一团的和气，但却无了右眼，一尊独眼菩萨！访遍天下菩萨造像，或许钩鼻的文殊、独眼的普贤就仅此一处。关于这两尊菩萨造像的来历，还得从六百多年前重庆所建立的一个大夏国说起。

早在元朝末年，群雄并起，堕入温柔乡七十余年的蒙古将士们似乎早已失去了昔日横扫欧亚时的骁勇彪悍，在起义初期显得不堪一击，接连溃败，城池尽失。此时，湖北随州的农家子弟明玉珍也加入了揭竿而起的行列，纠集青壮乡兵千余人，驻扎青陵山一带，侍机而动。后投奔至红巾军徐寿辉的帐下，因作战勇猛，升至统军元帅。在与元军的一次战役中，明玉珍曾被元将的飞矢射伤右目，成了"独眼将军"，人送绰号"明眼子"。元至正十七年(1357年)，明玉珍奉命领兵西征，由巫峡入蜀，攻陷重庆，继而尽取川蜀全境之地。虽说是抗击元朝统治的农民起义，但各路枭雄个个都在盘算着谁来坐皇帝宝座，相互之间攻伐不断。至正二十年(1360年)，陈友谅杀掉徐寿辉，自立为帝。明玉珍对陈友谅的篡权夺位深为不满，自称陇蜀王。立徐寿辉庙于重庆城南，四时致祭，并追尊他为应天启运献武皇帝，庙号世宗。至正二十一年（1361年），明玉珍在众人的拥立下称帝，国号大夏，都重庆。并效仿周制，设六卿，分全川为八道，设州县官进行治理。广设学校开科取士。改革税制，免除徭役，严禁掠夺，颇有开国明君的气象。然而皇帝位坐了仅五年后，即至正二十六年（1366年），明玉珍就病故于重庆，葬于江北宝盖山腰洗布塘，史称"睿陵"（1982年，睿陵在江北被发掘，出土玄宫之碑及大批丝织品等珍贵文物）。五年后，即明洪武四年(1371年)，朱元璋兵分两路，水陆并进，一举灭亡了仅维持十年的大夏国。

明玉珍踞守重庆期间，察院邹兴在弹子石至观音碛的长江岸边开凿了弥勒大佛造像。并依着大夏国皇帝明玉珍、红巾军首领徐寿辉的真容，雕刻了这身着汉服、头裹青巾、钩鼻独眼的文殊、普贤造像。

五佛殿三世佛造像　　五佛殿三世佛造像　　五佛殿三世佛造像

五佛殿普贤菩萨造像　　　　　　　五佛殿文殊菩萨造像

大夏国皇帝明玉珍真容像　　弥勒大佛造像　　红巾军首领徐寿辉真容像

南岸三塔·三塔不见面

　　重庆旧时多石塔,塔子山白塔、禹王庙七级石塔、七星岗金刚塔、南山文峰塔、觉林寺报恩塔、龙门浩卵石塔,等等。水光山色,**巍巍塔影遥相辉映**,本为一大胜景,但在山城重庆却不然,民间则有"三塔不见面"的传说。

　　相传早在很久以前,这两江交汇处就盘有一条恶龙,恶龙喜怒无常,时常翻云覆雨,兴风作浪,弄得过往船只、沿江商民苦不堪言。后来来了位神仙,施法擒住了作怪的恶龙,将它斩为三段,再将龙头、龙身、龙尾分别压在三座宝塔下。并且告诉当地百姓,三塔不能见面,否则恶龙会重新复活,渝州城将洪水泛滥,一片汪洋。这不能见面的三塔分别为觉林寺报恩塔、云峰山文峰塔、龙门浩卵石塔。

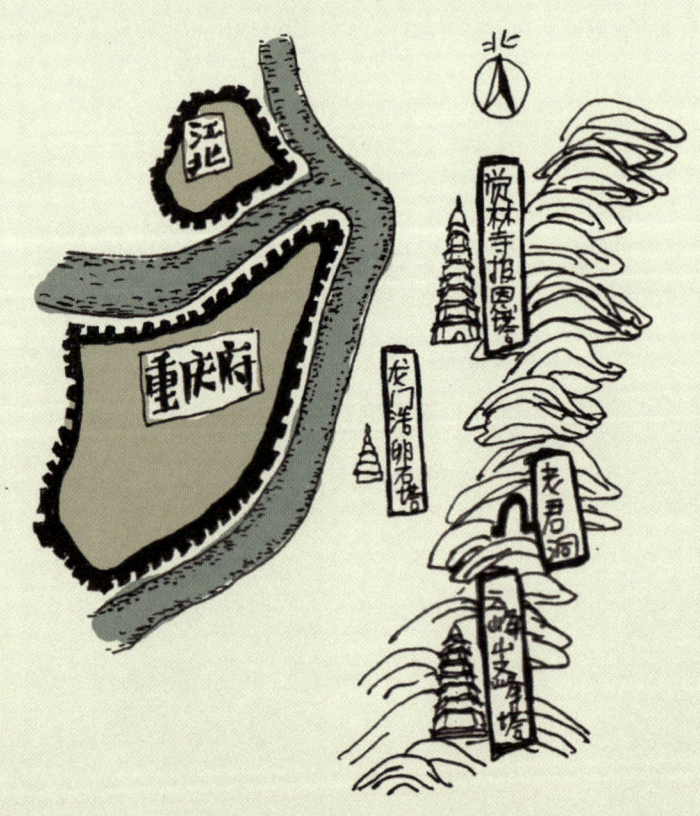

觉林寺报恩塔

觉林寺报恩塔　　　　　地址：南岸区下浩涂山之麓　　现状：保存尚好

今天的觉林寺仅仅只是重庆地图上一条老街的名字，长不过五十米。老街留着老屋，以及一些仍保持着老街生活方式的老住户。老街曾经兴盛过，塑有"中国人民银行"的门额仍保存至今。

觉林寺始建于南宋绍兴年间。明末毁于张献忠兵祸。清康熙二年（1663年），雪痕禅师化来木材，重建了新寺。乾隆二十二年（1757年），雪痕禅师圆寂后，他的弟子月江接任住持，并开始大兴土木，增筑山门、殿宇、禅堂、僧房等，广辟园林，构筑了"晓钟唤渡"、"莲峰垂露"、"龙桥夜月"、"泉水流香"等觉林八景，而整个觉林寺作为"觉林晓钟"被列为渝城八景之一。此寺盛极一时，自古皆为文人雅士赏游唱和之地。

造园的同时，月江禅师还花了十六年的时间，在涂山的山麓下修筑了一座九级八面的空心石塔。石塔外设墙垣，垣门呈牌楼式，额书"报恩塔"三字，两楹分镌"因传心法分三教"、"为建浮屠报四恩"，背书"佛光普照"。报恩塔仿楼阁式，砖石垒砌，通高四十五米，巍然入云。塔内筑有石阶，盘旋而上可登塔顶。报恩塔乃渝州第一名塔，当年大清邮政所发行的邮票中，就有一套是这觉林寺报恩塔。

觉林寺的月江禅师本为浙江钱塘人氏，俗姓王，出生于一官宦世家。他年少时随父亲及家人去四川资州赴任，在途经渝州时天色将晚，便投宿觉林寺。哪知老祖母却因一路舟车劳顿，一病不起，病故寺中。月江的父亲安葬了祖母后，见儿子与方丈雪痕投缘，便将儿子留在了觉林寺，皈依了佛门，顺便为祖母守墓。月江后为报答亲恩，将母亲留给他的七百两银子全部捐出，发愿修筑报恩塔。据说当年造塔时，为一巨石所阻，无法挖掘地基，当大家正犯愁时，突然天降暴雨，电闪雷鸣，一声霹雳竟将巨石击碎。一时间，"地献花银，天降雷斧"的传闻不胫而走，渝州百姓为月江报恩的行为所感动，纷纷捐资，建成了报恩塔。

云峰山文峰塔　　　　　地址：南岸区黄桷垭云峰山　　现状：保存尚好

文峰塔在重庆有两座，一是江北塔子山的白塔，一是南岸云峰山的文峰塔。两塔一北一南，其高矮、色泽、造型、工艺皆如出一辙，犹如孪生姊妹，遥相辉映，堪为渝州一景。清道光三十年（1850年），翰林院编修、监察御史黄钟音回到家乡重庆奔丧守孝。居丧期间，黄钟音于云峰山上结庐讲学，并提议修建文峰塔以兴文运。当地官员士绅当即响应，并于次年立起了这座文峰塔。文峰塔高二十余米，七级六面楼阁式，底层为红砂条石垒筑，其余六层为砖砌，外抹白灰。据说文峰塔筑成后，重庆文风果然大兴，甲第不断。

龙门浩卵石塔　　　　　地址：南岸区龙门浩河岸石梁上　　现状：无存

卵石塔据说早在清初时就已立在了龙门浩的石梁上，为何人所造，却无人说得清楚。卵石塔高仅一米，通体为鹅卵石垒砌而成，每当江水上涨，卵石塔便没入江中，水退之后，又冒出水面。它应是座旧时测试水文的航标塔，提示往来船只，此处有险滩暗礁，筑宝塔作标识便于行船。古有谚语"水浸宝塔脚，下舟休要错；水淹宝塔顶，十船九个损"。说的正是这川江上随处可见的水文航标塔。

觉林寺旧影

觉林寺报恩塔大门

云峰山文峰塔

老君洞·黄桷古道上的明代摩崖

地址：南岸区黄桷垭老君洞　　现状：存明清摩崖石刻若干

旧时人经由望龙门渡江到龙门浩，行至上新街则开始登山路。山路由青石板铺设，宽约两米，全长约五公里，古称"老君坡"。自唐时起，这条古道就已存在，古道依山就势，蜿蜒而上，因道旁的黄桷树枝虬叶茂，遮天蔽日，故又称"黄桷古道"。古道顺势南行，即川黔古道，可至贵州。千百年来，川黔两地的马帮盐队就沿着这条古道往来于重庆和贵州之间，运送食盐、丝绸、药材、茶叶等货物。直到抗战期间，入缅作战的部分军队也由此条古道进入贵州，再转道缅甸。古道历来多石刻题记，也多香火信众，如这被誉为"川东第一道观"的老君洞就常年香烟缭绕。

沿着林木参天的黄桷古道拾级而上，约登四五百级石梯就到了老君洞。老君洞据说始建于三国时期，正式创建是在隋末唐初，创立之初本为佛刹"广化寺"，后于明万历九年(1581年)改为道观，名"太极宫"，俗称"老君洞"，以尊道教始祖李老君，曾一度作为天师的道场。清代乾隆四年(1739年)，老君洞始由全真教道士住持，从而渐成为全真教的宫观。老君洞在清道光、同治、光绪年间经过多次拓筑，渐成了今天的规模。整个道观依山凭崖而建，自山门起，殿堂楼阁即依着峭崖陡壁呈"玄"字形层层修筑，盘旋而上，直至山顶。共筑殿宇九重，分别为三清殿、文武殿、观音殿、吕祖殿、真武殿、三丰殿、邱祖殿、斗姆殿、玉皇殿等，以及斋堂、客堂、经堂、戏台、戏楼、藏经楼、丹房等。重楼叠宇，蔚为壮观。另有老君洞、三丰洞、纯阳洞、石猴洞、三圣洞、燃灯洞等洞窟分布其间。

老君洞多石刻，有"游龙"、"真武传道"、"玉龙捧圣"、"紫气东来"、"涂洞参天"、"有仙则名"、"涂山古洞"、"神仙洞府"、"笑傲烟霞"、"玄关一窍"等历代文人墨客题咏碑刻十余通，其字迹骨力劲健，浑厚苍劲，刻工精湛。在老君洞的众多摩崖石刻中，尤以八滩岩石刻最为精美，也最具艺术价值。

八滩岩为一方宽约五米、高约三米的大石壁。大石壁上一不雕天尊帝君，二不刻天师星君，满壁百十个人物多来自民间的戏文故事，如周文王出猎渭水巧遇姜尚的《文王访贤图》，俞伯牙、钟子期高山流水遇知音的《伯牙抚琴图》，梁山老英雄阮小七怒杀渔霸的《打渔杀家图》，歌妓李亚仙自刺双眼劝浪子回头的《刺目劝学图》，董永和七仙女夫妻双双把家还的《天仙配》，以及《观音求八难》等。每个故事各有人物场景，安排巧妙，疏密有致。人物镂刻细腻，栩栩如生，乃重庆城难得一见的道教摩崖石刻精品。

慈云寺·僧尼合庙，中西合璧

地址：南岸区玄坛海狮路1号　　现状：保存尚好，后修缮一新

百多年前，重庆南岸的大片滩涂坡地被西人租去，兴建码头、货栈、洋行、别墅。他们走后，那些码头、货栈、洋行、别墅好些至今仍然屹立，旧迹连连。法国水师兵营、美国使馆酒吧、卜内门洋行、立德乐洋行……都是些拱门券窗、回廊环绕的洋派建筑。与朝天门码头隔江相望的那栋西式楼宇，算是整个南滨路西洋建筑群中最为巍峨的一栋，楼高四层，青砖砌筑，券窗回廊。近前再看，却是处僧尼香客云集、佛号梵音的佛门净土——慈云寺。

慈云寺据说始于唐代，明末毁于张献忠之兵祸，清乾隆二十二年（1751年）得以恢复，原名观音庙。当时重庆府著名的八省会馆曾在庙内办有一善堂，施舍粥衣，兴办义学，帮助那些无衣无食的贫民。

慈云寺位于嘉陵、长江二水交汇处，上有觉林寺、涂山寺、太极宫，下有千佛寺、大佛寺等，处于上下水的交通枢纽。早在旧时，往来的客船驶抵重庆，多停靠南岸玄坛庙一带。那些朝圣的香客僧尼无论上行至乐山、峨眉拜佛，还是下行去九华、普陀朝圣，都得经由重庆玄坛庙搭乘轮船。在营运的客轮中有位名叫向兴发的领江（即江河中的领航员）笃信佛教，皈依了慈云寺的云岩法师。他曾发愿道，凡搭乘他所领航的福元、福通两轮前去朝山礼佛的香客居士僧尼，一律免收船费，并供给斋饭。一时间，慈云寺僧尼云集，香客往来络绎不绝。为了更好地接纳来自四方的弟子和信众，云岩法师遂募资扩建寺庙。他重筑慈云寺的宏愿得到了刘湘、潘文华、潘昌猷、陈丽生等重庆军政、金融各界要人的大力资助，使之顺利进行。1927年，规模宏大的新寺终得以建成，并更名为"慈云寺"。慈云寺为广纳信众，还于寺内设有爱道堂安置尼众，成为当时全国唯一一处僧尼合庙的佛教寺院。

慈云寺院的山门
实为西式大楼与中国式牌楼的结合，
青砖券窗作底，
上辟出一道雕镂绘彩的山门来，
楣嵌一碎瓷拼花的石额——慈云寺。

慈云寺以中国首座僧尼合庙闻名于世，同时其中西结合的寺院建筑风格在上世纪二三十年代也堪称独树一帜。其背倚涂山，面临长江，整座寺院依山势而筑，建筑面积四千余平方米。慈云寺在建筑布局及造型上完全不同于那些传统的寺院宫观，即山门、天王殿、大雄宝殿、藏经楼等殿堂皆中轴排列，层层铺开。慈云寺打破常规，以一栋高达四层的西式大楼将所有的殿宇楼阁围合在其中，这在当时的中国，实属另类。就外观而言，慈云寺更像是栋政府大楼、住院大楼、教学大楼，或大型的旅馆饭店，无人会将其与香火袅绕的寺院联系在一起。

寺院的山门实为西式大楼与中国式牌楼的结合，青砖券窗作底，上辟出一道雕镂绘彩的山门来，楣嵌一碎瓷拼花的石额"慈云寺"。门右卧一青狮，面朝大江，作怒吼状。据说青狮原为宋代遗物，乃可降服一切魔鬼的"如来正声"，同时也是民间传说中锁江镇流的神兽。一来可锁住江口，免让汇聚一地的财富又随大江滚滚东流去。二来可镇慑水势，以保水运行舟安全。只可惜这千年遗物今已不存。我们今日所见，仅仅是上世纪八十年代的一尊仿品。入了大门即大雄宝殿，宝殿乃通体明黄的两层楼阁式建筑，典型的民国风。檐下悬有三条黑漆金书大匾，中为国民政府主席林森题额"大雄宝殿"，左右分别为国民政府参军长吕超篆书的"法轮常转"、四川督军刘湘献立的"慈云法苑"等匾额。宝殿正中奉由缅甸迎来的玉佛一尊，佛高近两米，乃中国四大玉佛之一，另三尊分别藏在北京团城、上海玉佛寺、武汉归元寺。除大雄宝殿外，寺内还置有普贤殿、三圣殿、韦驮殿、藏经楼、钟鼓楼、菩提树、九龙浴太子、八功德水池、望江亭、浩月亭、燃灯古佛洞等殿阁池亭。登高远眺，两江汇聚，城廓透迤横亘，瓦舍鳞次相接，江中舟楫只往来如梭，络绎不绝。

慈云寺临长江的一面同为楼高四层、左右各置一塔楼的西洋式楼宇，但建筑师却又别出心裁地在单调的砖壁上增建了九座楼亭。楼亭高三级，朱柱碧檐，翼角飞翘，将二至四层的窗户贯穿一气，实乃中国建筑史上所罕见。

与慈云寺仅一墙之隔的，是座名为"安达森"的瑞典洋行。洋行依山势而建，层层铺排，高低错落。这座西人的洋行反倒没有西人惯用的拱门券窗、通柱外廊，上下一片乌瓦泥墙，远远看去，它更像是座边地的苗人山寨或古堡。

慈云寺

渝州城杂迹

重庆的山、重庆的水和重庆人构筑了古老传奇的重庆文化。一块石碑、一座寺庙、一栋老宅都是重庆荣辱历史的佐证。而这些犹如年轮一般的遗构,大多被请进了博物馆或流失于民间。重庆的老故事、老掌故也在一辈又一辈人的口述中渐渐褪色。偶尔,也有一些历史的痕迹在不断地散发出幽幽沉香,拨动我们怀旧的思绪。于是,我们寻找曾经的一砖一瓦,把遗迹的碎片重新拼接,展示渝州城古老的遗韵。

巴蔓子墓·刎首存城，巴之忠烈

地址：渝中区七星岗渝海大厦家具城负一楼　　现状：存古墓一座

重庆这座城市生得奇怪，依山就势，马路、桥梁、屋舍、楼宇，地面上所有的一切都是一层重着一层，叠压在一起。路基下的古宫观，堡坎下的古城垣，甚至还有二十八层高楼下压着的古墓冢。而墓冢的主人，则是巴渝历史上最具传奇色彩的人物，两千多年前巴国的将军——巴蔓子。

巴国的先民初有五氏，巴氏、樊氏、日覃氏、相氏、郑氏，皆生于武落钟离山（今湖北宜昌清江）。后巴氏一族凭借其武力，以及擅造船驾舟的技艺，征服了四族，统一了五氏，巴人务相成为诸部族的第一位首领，史称"廪君"。随着巴部族的强大，廪君开始了向西扩张，溯流而上，先后控制了清江和巫溪流域的盐业生产基地，并在夷城（今湖北恩施）建立了巴国的第一个国都。公元前十一世纪，武王伐纣，远在西南的巴国出师参加了这场战争，并以"巴师勇锐，歌舞以凌殷人"留名史册，成为周王朝的诸侯国之一。巴国与楚国为邻，两国间时而攻伐，时而结盟，但最终还是被日渐强大的楚国驱出清江、巫溪流域，抢夺了盐业基地，不得不辗转沿江向西迁徙，如《华阳国志·巴志》所载："都江州（重庆），或治垫江（合川），或治平都（丰都），后治阆中。其先王陵墓多在枳（涪陵）。"巴蔓子正是这一时期巴国的将军。

有一年，巴国内乱，蔓子将军遂向楚国国君求援，希出兵相助，并许诺以三座城池作为回报。楚王见有利可图，便派出大军平息了内乱。事后，楚国遣使臣来到巴国，要求蔓子兑现当初的承诺，交出城池，哪知蔓子说道："籍楚之灵，克弭祸难，诚许楚王城，将吾头往谢之，城不可得也！"遂拔剑自刎。当楚王见到巴将军的头颅后，不禁惋惜道："使吾得臣若蔓子，用城何为。"并以上卿之礼厚葬了巴将军。从此以后，巴将军刎首存城、以身殉国的壮举，在川江渝水上广为流传。东晋永和年间，川人常璩将巴蔓子的传奇经历收入他所撰写的《华阳国志》中，使其忠义之举正式载入了史册。唐贞观八年，太宗皇帝念巴将军的忠仁，改蔓子故里临江为忠州（今重庆忠县）。

巴将军的墓茔位于今渝中区七星岗莲花池街，原为渝城之巅，林木森森，芳草青青。墓茔前置有一通神道，左右分列着石虎石麒麟等镇墓神兽。对于东周将军巴蔓子，历朝历代官吏皆是尊崇有加，屡有修葺，墓前树碑，道旁立表，禁止民众在墓周樵采耕种，每年春秋还举行大型的祭祀活动。1922年，川军第一军军长但懋辛见巴蔓子墓园倾圮，碑字漫灭，便再度主持培修了墓园。据记载，当时的墓园占地甚广，四周环有墓垣，垣内镌有许多时人留下的诗文楹联，如赵朗云所撰"霸业久销沉，楚子何曾留寸土；荒坟犹耸峙，将军依旧镇三巴"。1929年，重庆正式建市，城区上移，巴蔓子墓从此与新辟的马路为邻。再之后，将军墓没了墓垣，更没了石刻题记，唯留下一座石砌孤冢深藏于高楼的地下一层。巴将军墓呈六边形，石砌，正面嵌青峡石碑，上镌"东周巴将军蔓子之墓，中华民国十一年二月吉旦，荣县但懋辛题"。

成渝两地相距不过两百余公里，但人的脾气禀性却大不相同。古语道："蜀出相，巴出将"。短短六字，巴蜀两地人的性情呈现无遗。蜀人阴柔含蓄，多礼崇文。巴人刚烈豪爽，重义尚武。蜀生文豪，如扬雄，如司马相如，如李白，如苏轼……巴出雄杰，如三国时的甘宁，如明朝末年的秦良玉，以及这位两千多年前巴国的将军巴蔓子。

二十八层高楼下压着的巴蔓子墓

巴县衙门
昔日衙署丛集地
地址：渝中区巴县衙门街26号　　现状：沦为大杂院

太平、太安二门间有一长街，叫白象街，那是旧时重庆府的第一商街。本埠的、外帮的、夷国的，所有的商业组织都试图在此占据一席之地。如今透过这条老街仅存的一小段建筑就能看出昔日的繁华。长街之北则是大片山墙高耸、殿堂重重的庞大建筑群。这其间既有一府最高军事行政衙门重庆府署，又有一县最高行政机构巴县衙门，以及协助知府处理政务的二府衙、科举取士的县文庙学宫、护城安邦的城隍庙、击鼓报时定晨昏的大鼓楼、囤积米粮的太平仓……总之，衙署丛集。

自从重庆的主城区由下半城移至了上半城，这太平门内就逐渐式微，先是没了衙门的官气，再是少了商旅的喧嚣。久而久之，竟成了巷陌壅塞、各色人等杂居的老旧棚户区。那府署、衙门、文庙、学宫、城隍庙、大鼓楼、太平仓都一一没了声息。好在纵横阡陌中留下一条名为"巴县衙门"的老街，以志旧迹。对于巴县衙门街，周遭的住户知道的也不少，老人们甚至还能告诉你那里曾经就是过去巴县衙门的所在地。但故址何在？旧迹尚存？就少有人说得清楚了。还好，低矮破旧的巴县衙门街区虽状如迷宫，但终让我们在巴县衙门街26号院内寻见了昔日的老巴县县署。

巴县衙门深藏于一个类似街道小厂的院内，推开哐哐作响的铁皮大门，就能看见那栋镂满雕花的木构大殿。大殿背靠人民公园，前朝太平门码头，面阔三楹，下以层层垒砌的大青条石为基，并镶有宝瓶、葵花、三戟等石刻浮雕，以寓意"平平安安"、"独占魁首"、"连升三级"等官场景愿。大殿檐廊敞阔轩朗，檐板雕花精美绝伦，花卉飞禽等纹饰穿插自如、栩栩如生。花饰缠绕处，是一幅乡野的图景，图中四人，有渔、有樵、有牧、有琴。旧时衙门的威武肃穆瞬间少了许多，倒多了几分人世的美好。大殿后来更为了工厂，为拓展空间，人们用灰砖封住了檐廊，殿内也被层层分隔，难见其原貌。倒是梁柱间雕镂的狮子戏绣球保存完好，惟妙惟肖。

巴县衙门内景

因为时隔久远,巴县衙门最早建于何时已无从考证。但据《巴县志》记载,"(衙门)旧在重庆府治右,倚山东向,明末毁于兵。清康熙六年,知府张楠重修"。可见早在明朝就已设立了巴县衙门。张献忠入川后,大肆杀戮焚烧,好端端的重庆府被摧残得面目全非,人口锐减,府治县衙等自然也未能幸免。大劫之后,地方官吏重兴土木,再建了府署衙门、文庙学宫。据附近老人讲,巴县衙门过去很是气派,前有大照壁,上彩绘麒麟望日图,照壁左右分立东西辕门,分别与老鼓楼、鱼市口相通,即今天的解放东路。入了辕门则是县衙的两道大仪门,门内立一木坊,上书《戒石铭》:"尔俸尔禄,民膏民脂,下民易虐,上天难欺。"仪门内是一片开阔的大坝子,东边立有两座祠庙,一是祀县吏之祖,西汉萧何和曹参的衙神祠;一是奉马祖的马王庙。马王庙旁即一马厩,所养快马专供传递文书之用。坝子西侧则是关押犯人的牢房,中置狱神祠。牢房旁则是袍哥大爷们开的茶铺子,专供那些打官司的人在此交易。穿过坝子则是巴县衙门的三进三堂,前为百姓可以旁听的公审大堂,两庑系吏、户、礼、兵、刑、工六房书吏执事的廊房。后为单独审案的二堂,左右为花厅、签押房。再后则是县太爷处理日常事务和起居的三堂及两厢。

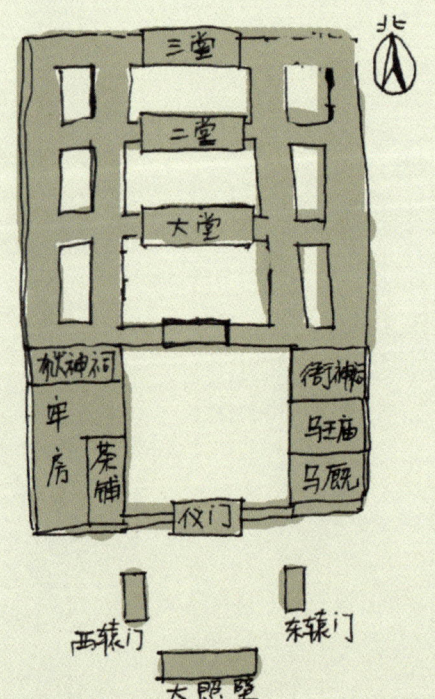

巴县衙门入民国后被废,一度充作警备司令部的行营看守所,也曾作为邮局转运站使用。再后来,几经演变成了如今这般模样。据说巴县衙门一巷、二巷曾是监狱所在地,三巷则是囚犯们放风的坝子,而现存的26号大殿则是当年巴县衙门的衙神祠遗构。

巴县衙门即掩于这铁皮大门之内　　偌大的巴县衙门今仅遗这一殿

连升三级石雕　　　　　　　　　　　　　　　西厢二级的大殿

雕饰精美的木雕　　狮子戏绣球木雕　　　独占魁首浮雕

白象街·华洋杂处，兴繁之极

地址：渝中区白象街　　现状：居民大院

最后的白象街

"青狮献瑞，白象呈祥"。相传白象街得名于街中的"白象寺"。寺有一池，池中立一汉白玉雕石象，恰好和南岸玄坛庙的一对青石狮遥遥相对，形成了"青狮白象锁大江"之势，既锁住了重庆的财运，也福佑重庆风调雨顺。不过，早在清乾隆年间，白象寺、白象池，连同那尊汉白玉雕石象都无了踪影，只留了个街名。白象寺池虽废，但白象街的商气却始终未曾中断。

白象街位于太平、太安（即望龙门）二门之间，上临储奇门山货药材集散地，下接陕西路丝绸绢帛集散地，后靠重庆府署衙门、巴县衙门、二府衙门等府衙重地，前临长江，与开埠后的洋人区隔江而望。拥天时、地理、人和，白象街一带自然也就成了旧时重庆府的政治、文化和经济的中心。白象街的兴繁由来已久。早在南宋以前，白象街外的太平门就为重庆四大城门之一，且为众门之首，当然也是往来商船货舶云集之水码头。千百年来，各州各府的商贾船家运货抵达重庆，多在此泊舟登岸，装卸采买货物。沿码头一带搭起了无数商号货栈和堆房，延绵数里。南宋淳祐年间，四川安抚制置使兼重庆知府余玠就曾在白象街开设招贤馆，广纳人才，商讨抗蒙方略。可见白象街在当时城中的地位。

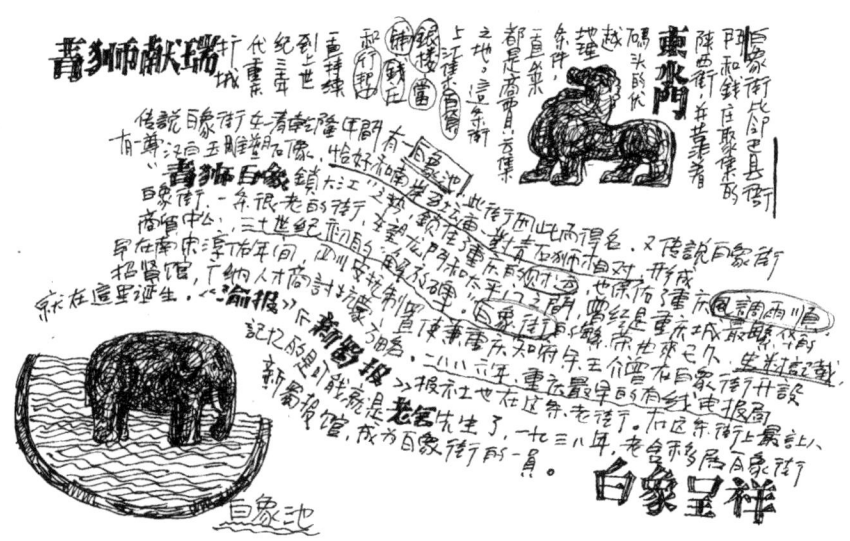

商号、银楼、当铺、钱庄、行帮公会比比皆是的昔日白象街

重庆开埠后，由于白象街靠近府衙，许多外国商人在白象街租房设立办事机构，开办洋行银行，以便办理相关的出入货手续。同时一些华人买办、民营企业家也相继在白象街购地建房设立商行，如控制川江水运的轮船公司就在太平门一带设立总部，管理调度所有的船只。当时的白象街繁华之极，五方云集，华洋杂处，商号、银楼、当铺、钱庄、行帮公会比比皆是。因此，白象街于是有了重庆最早的洋楼，也由此成为重庆最繁华的商街之一。直到二十世纪三十年代，重庆的主城区由下半城移至上半城，白象街才逐渐没落下来，成了少有人知的僻街陋巷。

如今的白象街已今非昔比，街的中间被一栋高层建筑所截断，分成两段。上白象街不知何时成了菜市，下白象街临江的一侧也被悉数拆除，仅遗下小段百余米的老街肆，连檐相接着好些旧时的商铺店房。因地处黄金地段，寸土寸金，老街所筑商铺多是三层高的小楼，砖木结构，面窄而进深。底层辟为铺面，二层三层存放货物或作起居用。商铺与商铺间皆有高高的风火墙相隔，以免一家失火，殃及池鱼。商铺的造型或中或西，或乌瓦粉墙，或洋瓦青砖，户户皆有不同。在仅存的四分之一老街中，白象街142号无疑为其中最具魅力的一栋老洋楼。

老洋楼高四层，立面呈"凹"字形，青砖砌筑。大门上嵌石额，所书字号曾被白灰抹去，不易识别。所有窗洞均为传统的欧式拱券造型。雕花镂空的花格窗，尤其是巴洛克式的美妙窗台，更是一派经典。遗憾的是，大楼内部没有保持原来的格局，被完全地打乱分割，到处都是挂有门帘的房门，分不清家与家，户与户。据说老楼为过去美商捷江轮船公司在重庆设立的洋行。自重庆开埠后，川江上的航运几乎为外国轮船公司所垄断，如英商怡和、英商太古、日商日清、美商捷江等。到了1935年，捷江公司在激烈的竞争中败北，其十一艘轮船被卢作孚的民生公司悉数收购。日清、太古等老牌外国轮船公司见状，也渐渐地退出了川江。

除了这家美国的轮船公司外，1886年，重庆最早的有线电报局设立于白象街。1897年，宋育仁主办的《渝报》和1924年萧楚女任主笔的《新蜀报》报社也先后设在白象街上。1938年，老舍先生也移居白象街新蜀报馆，成为白象街的一员。老舍先生后来曾这样写道："重庆的人们哪，设法派小汽车来接呀，否则我是不会去看你们的。你们还得每天给我们一千元零花。烟、酒都无须供给，我已戒了。啊，笑话是笑话，说真的，我是多么想念你们，多么渴望见面畅谈呀！"

佛图关：陆路要隘，巴山夜雨寺

地址：渝中区佛图关公园　　**现状**：存历代摩崖石刻若干

就军事而言，重庆城无疑先天拥有地势水利之优。其长江、嘉陵二水环绕，三面临江，成一半岛。中有山崖逶迤横亘，悬岩峭壁临江，自成屏障，易守难攻，唯有西南一线与陆路相通。然此地宽度仅约千余米，**两江挟持，宛若束带**，俗称"鹅项岭"。地势狭窄不说，还在其间凸立起一条长约两千米、高近四百米的陡峭山崖。山崖三面悬岩，地势险峻，为重庆陆上唯一的一道门户和关隘，自古就有"四塞之险，甲于天下"之说。

早在三国时，蜀汉丞相诸葛亮率军进驻汉中，曾将后方事务委托前将军李严。李严受命后移屯江州（今重庆），首筑大城（即今朝天门新华路较场口南纪门沿长江一线），后又计划凿断西南陆路山崖，引长江、嘉陵二水在此合流，使江州城四面环水，成一江心洲。诸葛亮见李严有分庭抗礼之嫌，于是未同意这一计划。李严凿山通流的计划未能实施，便退而求其次，在山崖上垒筑城垣，屯兵驻守，使其成为一个险厄天成的军事要塞，扼守重庆陆路咽喉要津。因崖上凿有石佛，故名"浮图关"，后更名"佛图关"。

自李严首筑佛图关，佛图关始为兵家必争之地。欲想攻取重庆，必先夺取佛图关，因此历朝历代的守将都将佛图关视为城防的重中之重，屯重兵固守。古时的佛图关依山势而筑，以崖为屏，垣呈三角形，辟有迎庆、泰安、顺风、大城四道关门，形势极为险固。然重庆偏居边地，且穷山恶水，战争的烽火也很少燃及于此。倒是明末的大西军，凶猛剽悍无比，血战佛图关，攻陷了重庆城。

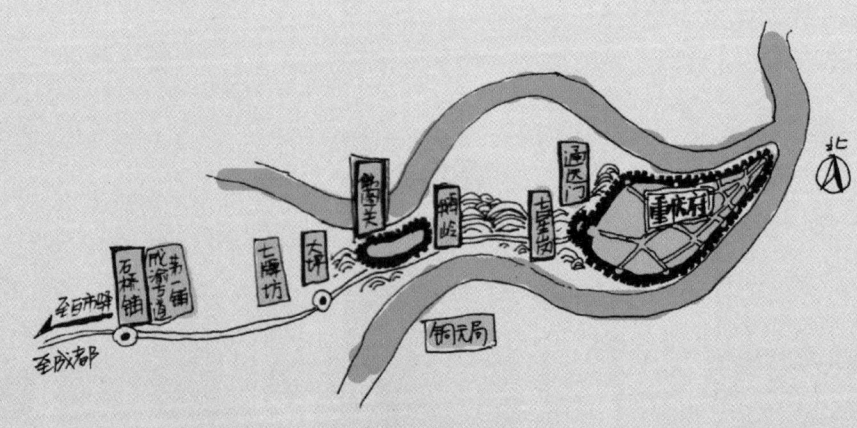

弗图关,
山崖三面悬岩,
地势险峻,
为重庆陆上唯一的一道门户和关隘,
自古就有"四塞之险,甲于天下"之说。

既为千古雄关，又乃古重庆陆路门户，成渝古道必经之处，关崖之上自多历代题记石刻。至今尚残存有唐宋以来的刻石、碑文及佛造像，如《佛图关铭》、《佛图关》、《清正廉明》等多处记事碑铭。由于时隔久远，长期遭受江风潮气的侵蚀，清以前的题刻大多风化剥蚀，已漶漫不清。如今所见多为晚清或民国时期的题刻，如蒋介石所题"挺起胸膛，竖起脊梁"。再如冯玉祥所题"学成须报国，临难且忘家"、"兴亡皆有责，敌我不俱生"。1941年6月5日，日机对重庆进行了长达五个小时的疲劳性轰炸，酿成了骇人听闻的"大隧道惨案"，数千人因窒息而死亡。那些遇难者的遗骸就埋在了鹅岭至大坪九坑子一带约三公里长的山坡上，并在坟茔上立起了十二座白骨塔。六十多年后，十二座白骨塔大多无了踪迹，唯有最后一座至今仍立在佛图关北坡的菜园中。

在过去的巴渝十二景中，曾有一景名为"佛图夜雨"。"佛图"自是这佛图关，"夜雨"乃双关，一是说这山间夜雨声，二是指关下的"夜雨寺"。早在明时，有僧人依着雄关筑起一寺，并取"君问归期未有期，巴山夜雨涨秋池。何当共剪西窗烛，却话巴山夜雨时"的意境为寺庙取名"夜雨寺"。诗系晚唐诗人李商隐做东川节度使柳仲郢幕僚时所作，诗中那份孤寂，那份思念，倒是为这终年散发着刀兵之气的雄关要隘增添了几分哀婉的惆怅，几分脉脉的温情。清道光十一年（1831年），人们重建了夜雨寺。1937年，国民政府迁都重庆，曾利用夜雨寺的殿堂屋舍创办起"青干班"，以培养青年军官。哪知在重庆俚语中，这"佛图"与"糊涂"谐音，"佛图关训练糊涂官"便成为山城市民茶余饭后的笑谈。不得已，蒋介石只好一度将佛图关更名为"复兴关"。

新中国成立后，夜雨寺改为"西南军区八一小学"，佛图关连同附近的肖家湾也都更名为"八一村"。就这样，夜雨寺在空袭、轰炸、战争、浩劫中安然度过了一百七十多年，直到2003年，因修建学生食堂（此时已为职业中学）的需要，夜雨寺大部分殿堂被拆除，仅仅遗下数间偏房。再过了几年，学校修建实作楼，最后的夜雨寺被彻底夷为平地。

七牌坊·碑坊林立古驿路

地址：大坪七牌坊街　　现状：现存牌坊残碑若干，皆立于街巷两旁，后迁移至别处

重庆客商出城，无论上行还是下行，走的多是水路。但若轻装快马西至省城成都，那还得走陆路快捷，也就是老人们口中所时常提及的"成渝古道"，又称"东大路"。成渝古道连接成渝两地，车来人往，络绎不绝，途间五里一店，十里一铺，三十里则一大驿，俗称"两关五驿五镇三街子，七十二铺"，全长千里。而重庆西出城关的第一关为佛图关，第一铺为石桥铺，第一大驿则是白市驿。

旧时人们出了通远门就算出了重庆城了，再沿城边兴隆街，登枇杷山，经两路口，顺着驿路官道就可抵达重庆的门户佛图关。出了佛图关有大段相对平缓的官道，直通石桥铺。官道由巨大平坦光滑的峡石铺就而成，或许正因如此，此地得名"大坪"。大坪是出入重庆府的重要门户，且通直平坦，历来为旧时官家乡绅旌表功德、标榜荣耀的交通要道。自清乾隆三十三年（公元1768年）至清末，这里相继树起德政坊、节孝坊、人瑞坊等九座冲天大牌坊（其中两座后毁于日军空袭），从佛图关向西依次排列长达数里路，形成了蔚为壮观的石雕牌坊群。一些家资殷实的富户达官也在驿道两侧竖立大块石碑以颂功祭祖。多年下来，立石碑数十方。随着重庆城区的扩大，大坪古驿路渐渐成了街市，开起了商铺店房、茶馆酒肆，一度兴盛起来。进出城的鸡公车、黄包车、滑竿、轿子络绎不绝。遗下的七座石牌坊则成了这条街的标志性建筑，街因坊名，得名"七牌坊"。其中街中一座，上下各三座，上下三座又分别称之为"上七牌坊"、"下七牌坊"。

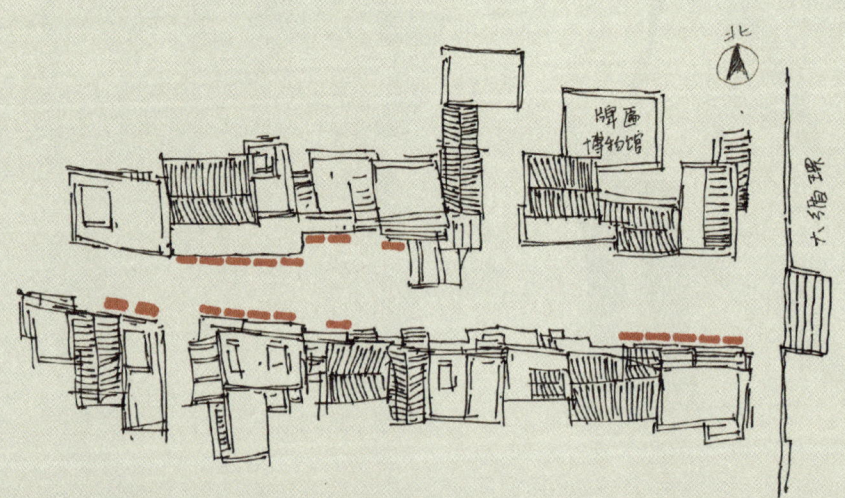

不知从何时起，七牌坊街成了农贸市集，昔日那七座冲天的大牌楼，也一点一点地从人们的记忆中淡去。摊贩们以石碑为壁，拉棚搭架，摆置出若干个摊位来。

自从有了七牌坊街，拓宽后的重庆城城关便设置于此。"进城"一说也由过去的入通远门延至到七牌坊。七牌坊本为大坪的一道风物，也是重庆古驿路上的重要遗迹，哪知动乱年代以"破四旧"为名，将七座石牌坊悉数砸毁。仅残留下二十五方巨大的石碑分立在狭窄的街道两侧。不知从何时起，七牌坊街成了农贸市集，昔日那七座冲天的大牌楼也一点点地从人们的记忆中淡去。摊贩们以石碑为壁，拉棚搭架，摆置出若干个摊位来。长年的烟熏火燎，好些石碑都被油烟熏得黑黑腻腻，甚至还有商户将古碑当作了广告栏，涂满了各种牛皮癣式的小广告，使得好些碑文都腐蚀褪去，漶漫不清。

如今的七牌坊仍可称得上是处石刻碑林博物馆，二十五方巨型石碑沿街分立，有节孝碑、神道碑、墓表碑等。碑身皆由巨大的峡石打磨而成，宽约两米，高约四五米。碑文的样式各异，雕刻精美，行文多为正书，阴刻。其中最早的一方立于清道光年间，最晚的始于民国，碑主人多为历朝官员，既有重庆本府的官吏，也有外省显宦，其中最显赫者官至二品。这些碑文主要涉及德政、忠孝、贞节等内容，或处士之妻的节孝和贞烈，或朝廷官员的果敢政绩，如"节孝贞烈"、"恩沛巴江"、"德洽江流"、"佛自西来"……所镌文字浑厚苍劲，气势雄迈，皆系当时名家所书，乃这座城市一道不可多得的书法石刻艺术长廊。

从古驿路到九牌坊，从九牌坊到七牌坊，再从七牌坊到二十五方巨碑。数百年间，古驿路的过往，大坪的兴起，都浓缩在了这二十五方巨碑及这条短短的老街上。如同一条时空的隧道，一边是人世的记忆，一边是现世的繁杂。不久之后，重庆旧城改造计划将在七牌坊得以实施，二十五方巨碑自是会受到妥善保存，不过那条石坊林立、古碑罗列的古驿路将会彻底地从人们的记忆中消失。

菩提金刚塔·塔镇古坟场，以抚亡魂

地址：通远门外的七星岗　　现状：现存一居民小区内，保存较好

重庆方言，可谓是最具特点的一个地方语言。其中体现得最为贴切、传播最为广泛的非重庆猜拳莫属，仅酒桌上的猜拳言子儿就花样百出，少有雷同，重庆人俗称"乱划拳"。酒令中言子儿的出处可谓五花八门，其中一句"七星岗闹鬼"却来自数百年前老重庆的一段典故。

"人住湾，鬼住岗，要发财住在片片儿上。"这是老重庆人口中时常说起的民间俗语，短短十六字道出了重庆旧时的居住习惯和格局。民国以前的千百年间，重庆的城池就设在通远门以东的半岛上，人们沿江沿码头而居。因此很久以来，重庆的下半城人气兴旺、车水马龙，上半城则人烟稀荒、少有街肆。而地势较高的山岗多为坟场墓地，如通远门外的七星岗。

明朝末年，大西王张献忠率义军攻打重庆，面对数倍于己的敌军，守城将士拼死抵抗，交战双方伤亡惨重。经过六天激战，起义军用炸药轰塌了通远门转角处的城垣，攻陷了重庆。张献忠入城后，大肆杀戮，整个重庆十室九空，大量的尸骸抛弃在通远门外的七星岗上。从此，七星岗成了重庆远近闻名、人人畏惧的鬼岗大坟场，阴森可怖。这一景象持续了数百年，被好事者编入歌中，世代传唱，"通远门，锣鼓响，看埋死人"。

1929年，重庆正式建市。2月，潘文华出任首任重庆市市长。就任期间，潘大市长最大的一项举措就是扩建重庆城。规划蓝图很快出台，通远门至上清寺一带将开辟为新市区。为了实施这一计划，首先需解决的便是七星岗大坟场。于是潘大市长集中人力彻底清理了七星岗上所有的荒坟野冢。打消了许多市民的顾虑不说，还获得了大片土地。由此，重庆城区面积比旧时扩大了一倍。据说这次平除荒坟的行动惊扰了沉睡地下的魂灵，七星岗闹鬼之事常有发生，人心不稳。为了平息鬼患，与藏传佛教颇有渊源的潘大市长特意请来密教活佛（20世纪20年代，西藏密教开始弘传内地，掀起民国密教热。1932年，在重庆市北碚缙云山原缙云寺创办汉藏教理院），祈祷诵经。并于1930年在七星岗上修筑了一座菩提金刚塔，以安抚亡魂，消灾避祸，使死者超度，生者永得安宁。从奠基到落成，均由西藏活佛指导，并由佛学家张心若为金刚塔撰写碑文。金刚塔历时两年，耗资四万元终得以建成。佛塔建成后，洛那活佛还率数十名喇嘛来此诵经祈祷，场面十分壮观。自菩提金刚塔建成后，七星岗便恢复了宁静，阴阳两界从此相安无事。

菩提金刚塔为藏式佛塔，建在一个凸字形的台基上，四周环有矮墙。佛塔底层是向内递收的方形须弥座，座上两层方形塔基，装饰有水平线脚数条。首层塔基满镌经文和碑记，均以汉、藏两种文字书写。其四角各立一圆柱，居然还是当时最为流行的欧式罗马柱。二层塔基镶以红石，并以汉藏两种文字镌写"菩提金刚塔"六个大字。再往上依次是宝瓶、相轮、石幡宝盖。佛塔上部的装饰由红、白、蓝等色碎瓷片镶嵌而成，每有阳光斜射，金光灿烂，甚为壮观。

"七星岗闹鬼"一说至今仍在重庆以及周边地区广为流传。然而流传的场所仅限于酒桌，流传的途径仅限于猜拳。至于这句名言子的出处，以及那座至今仍矗立于古坟场以抚亡魂的菩提金刚塔却少有人知。

菩提金刚塔基座

罗马圆柱支起的菩提金刚塔

阿弥陀经往生咒

三八街·最后的石库门

地址：渝中区七星岗上三八街5号　　现状：居民大杂院，后被拆除

若在七十年前，七星岗仅算是这座城市的新城区。首任市长潘文华新官上任，大力拓城，七星岗这片昔日的乱葬岗子，就在他的一系列措施下平成了可供居住的住宅区。三八街是七星岗一带残存下来的数条老街之一，多少年来没有什么变化，还是**蜿蜒盘曲的青石板巷**，错落排列的**木构老铺**，走在其中恍如进了某个边远乡镇的市集。

三八街最早是片坟场旁的荒地，因临近通远门，一些拉黄包车的车夫和外乡的流民在此搭棚筑屋，逐渐成了一片竹棚茅屋连檐的棚户区。1938年，位于城内莲花坊（今重庆宾馆）的保节院迁来此地。保节院系普善堂（创办于清朝同治年间，为重庆丝织行的商家捐资创立的民间救济机构，专门供养孤老、救济女婴、兼办女校）于清光绪三年（1877年）设立的一间赡养孀寡的民间善堂，院内长期居住着数十上百位守节的妇人，她们多是死了丈夫的寡妇，也有终身未嫁的老姑娘，或是因身患残疾而无人照料的老妇人。保节院为这些妇人免费提供食宿，让她们能在此安度余生。作为一个保守节操的民间机构，保节院自是制定了若干规定，如不得随意出入院门，不得与男人说话来往，不得穿鲜艳亮色的衣物，等等。因此在很长一段时期内，保节院的大门始终紧闭着，十分神秘。老街因保节院而出名，人们便把这条街巷称作"保节院"，又叫"寡妇街"。新中国成立后，那套老旧封建的东西与政府所提倡的新生活不太合拍，于是解散了保节院，改了个在当时看来很国际、很潮流的名字"三八街"。三八街是条长长的坡道，坡上的叫"上三八街"，因旧时多是补锅打铁的店铺，又称"修补街"；坎下的叫"下三八街"，是个十分热闹的农贸市集。

三八街，
旧称"保节院"。
保节院乃赡养孀寡的民间善堂，
院内长期居住着数十上百位守节的妇人，
她们多是死了丈夫的寡妇，
也有终身未嫁的老姑娘。

上三八街如今依旧还是那种用青石板铺设的老街，除了那些沿街而设的老铺外，街中还立着一栋民国时修筑的老楼。老楼的拱形券门正对着巷口，楣上的石额几经浩劫，已没了字迹。门楼内的过厅连接着左右两条弄堂，虽同处一地，但两条弄堂的格局制式不尽相同。右边的弄堂铺排着三个院落，个个庭院敞阔，楼上楼下分住着多户人家。左边弄堂则为典型的海派石库门，联排式建筑，一门一户，户外石库大门装饰典雅，户内天井庭院小巧别致。小楼平面呈"凹"字形，上下两层，一楼置客厅餐厅厨房卫生间，二楼设书房卧室，空间宽绰，伸展自如。听老人说，这里过去都是有钱人的房子，进进出出的不是国民党的军官，就是报社或银行的职员，甚至还有好些文化人也在此长住。

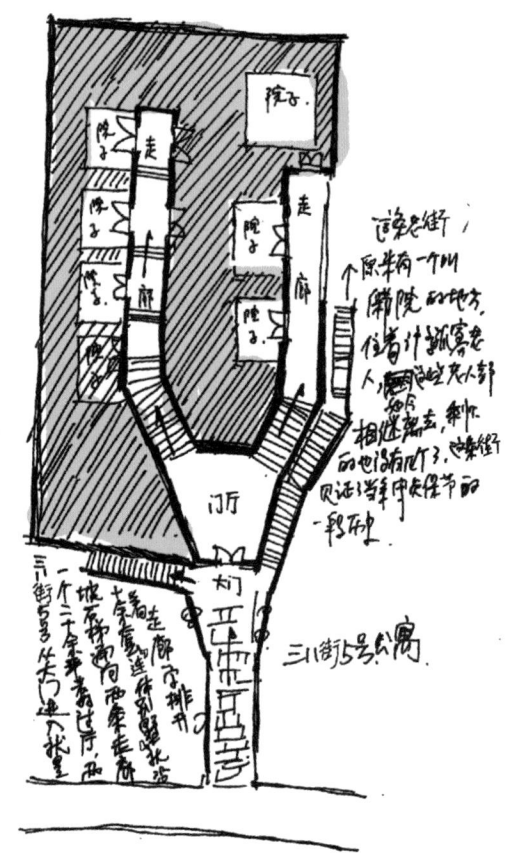

　　石库门最早产自像上海、汉口这等货通全球的国际性大城市。因人口猛增，地价暴涨，这种既节省土地，又能满足各种居住功能，集中国传统四合院、天井式院落与西方联排式住宅于一体的新式建筑便应运而生。上世纪三十年代，潘文华市长扩筑新城，石库门这种新型的住宅形式也逐渐在重庆流行开来，小什字、临江门、解放碑、较场口等人口密集处多兴建有大批弄堂石库门。然而接下来的数十年间，重庆的弄堂数量锐减，人们在这座城市几乎很难再见弄堂的身影。然而就在这七星岗的闹市中，却藏匿着一片七十年前修筑的石库门。如若将其置身于上海、汉口等地，无论其规模，还是精美度，它几乎都难以入流，但对于重庆这座城市而言，它算得上是处稀罕物了。

骆家花园·书香福地状元府

地址：两路口桂花园12号　　现状：所属教委，用作办公室和宿舍

西蜀本是文采风流之地，多年来却科第衰歇，未出状元和进士。人们于是在成都锦江河畔筑一四级高阁，供奉文曲星，以祈求文运昌盛。并以晋代左思之《蜀都赋》中的"既丽且崇，实号成都"为高楼命名为"崇丽阁"，俗称"望江楼"。不知崇丽阁的修建是否真改了风水，兴了文运，就在高阁建成六年后，即光绪二十一年（1895年），四川终于出了一位状元——资中人士骆成骧。

骆成骧，字公绣，四川资中人氏，四川清代唯一的一位状元郎。他自幼博学多闻，先后就读于成都锦江书院、尊经书院。后进京参加殿试，其对策文中"主忧臣劳，主辱臣死"八字使光绪皇帝深受感动（时正值甲午战争遭挫），遂被钦点为状元，授翰林院修撰。骆成骧一生无意仕途俸禄，却尤为重视教育，四川大学前身四川高等学校和成都大学的创立与这位前清遗老有着密不可分的联系。他清贫一世，被时人誉为"穷状元"。入民国后，骆成骧入川任职，由于生活简朴，在成都和老家资中都没留下什么像样的宅院，却在山城重庆留有一座颇具规模的华美府邸，当地人称"状元府"，又称"骆家花园"。

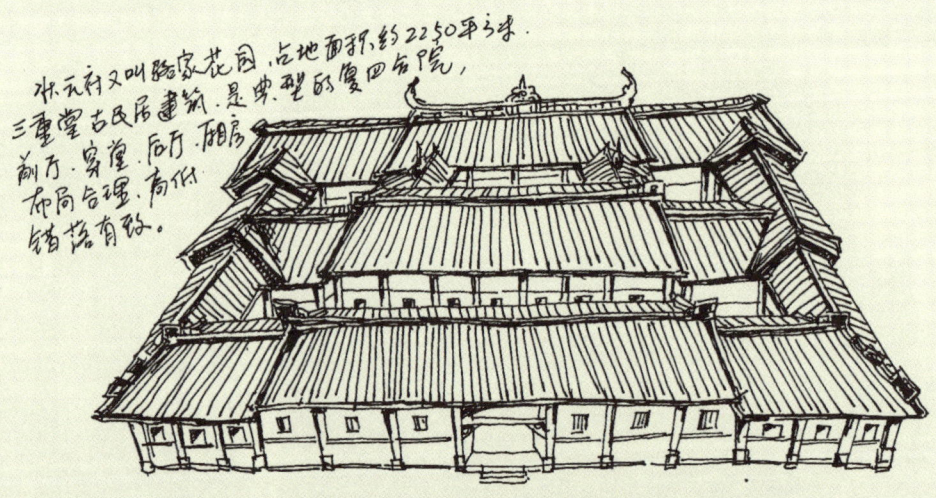

状元府又叫骆家花园，占地面积约2250平方米，三重堂古民居建筑，是典型的复四合院，前方、穿堂、后方、厢房布局合理，高低错落有致。

百年的雨露润泽，院中石板、台阶、花坛、水缸等都铺上了一层薄薄的绿苔，与庭院间的花草竹木融为了一色，淡雅清新。

状元府位于繁华的闹市区,紧邻大田湾体育场,但却深藏于桂花园12号的重庆教育科学研究院内。若无专人指点,外人很难发现这座藏匿于高楼间的状元府第。状元府占地两千多平方米,前后三进。听老人们讲,当年状元府门前植满了桂花树,天井花园中还栽有各式花木,如碧柏、蔷薇、玉兰树、梅花等。进门有一荷池,池上设桥。左右各置一方一圆两个大石缸,意在"没有规矩不成方圆"。如今,进厅前面的荷池和花园已被填平成了停车场,左侧的方形大石缸还依旧摆放在原处,只可惜曾用水泥敷过,缸上浮雕的亭台楼榭、瑞兽祥物依稀可辨。

状元府为复四合院布局,由进厅、穿堂、后厅,以及厢房围合而成。进厅现作为研究院的办公室和娱乐室,外墙和门窗均被刷上了红色和绿色油漆。进厅大门由新砌的砖墙封住了三分之二,仅留下一米多的通道供人出入。顺着大门入内,进厅和穿堂间已被一排临时搭建的屋舍所占据。穿堂已经失去了穿行的功能,不能通行。围着状元府走了一圈后终于在右侧的厢房旁找到了一个狭窄的入口,进到里面,则有另一番天地,竟是一片绿意盎然的幽静庭院。

庭院系府第的后厅,虽由多户人家分住,封了板墙,换了隔扇门窗,甚至还在檐廊下搭起了一些红砖小厨房,但毕竟有些人的生活气。天井里依然栽满了各种植物,芭蕉、蔷薇、吊兰、文竹、麻竹、栀子花、紫贝草、仙人球、君子兰、百里香……而桂花香更是溢满了整个庭院。百年的雨露润泽,院中石板、台阶、花坛、水缸等都铺上了一层薄薄的绿苔,与庭院间的花草竹木融为了一色,淡雅清新。那些雕满花卉祥瑞的撑拱、枋板、雀替、檐角等木构从花墙中探出头来,尽显其昔日的华美奢丽。

骆成骧一世清贫,人称"穷状元",怎么会在重庆置办下这么大一片华美的府宅。究其原委,原来此方府邸非骆状元亲自修造,而是他的同乡同族,在渝经商的骆昂仰慕骆成骧的功名,于1911年花巨资修建了这片豪宅,题额"状元府",正堂供奉状元牌位,以标榜骆氏的荣耀。这也难怪,四川不比江南,千余年的科举大比,四川仅出状元25人(共596位状元),若不算张献忠建大西国时自取的两人,元、明、清三朝六百年则仅仅各出了一位状元,弥足珍贵。骆成骧乃清朝四川仅出的状元郎,莫说是同宗同族的荣耀,更是整个大清川人的荣耀。

谢家大院
昔时雕华楼，今日大杂院

地址：渝中区陕西路太华楼二巷2号　　现状：雕饰工丽繁杂，现为大杂院

重庆生活多年，爬坡上坎，走街串巷，说不上有多熟悉，但印象总是有的。要想寻栋西式的洋楼，找处旧式的公馆，可说是信手拈来。但若要觅一处飞檐翼角、雕门镂窗的百年老宅就不太容易了。总以为这些依然还留有精美雕饰的百年老宅仅存于那些偏远的古城、古镇、古村落，高楼林立的重庆城已难有缝隙再塞下这些**低矮破旧的华美府宅**。

东水门至南纪门沿江一带的下半城，是这座城市最为古老的城区，站在高处向下俯视，一片灰蒙蒙此起彼伏的屋顶，犹如一条巨大的青鱼伏在长江边上，十分安静。然而早在数十年前，或是数百年前，这一长约八里的连檐乌瓦之下，却是闹腾的。来自本帮外埠的客商贩夫、船工脚力们把重庆这片大码头营造得是风声水起，兴繁之极。集有小资的贩夫船家沿着江边码头石阶搭建吊脚楼，比邻而居。而那些家中殷实的富商巨贾则出资在半山坡上营造山墙高耸的宽门大宅。近半个世纪下来，那些沿江层层叠叠的吊脚楼已所剩无几，更别说那些雕镂精美的百年老宅了。

还别说，在连接陕西路和东水门码头的太华楼巷中，就藏有这么一处有着两百多年历史的华美老宅谢家大院。太华楼巷呈东西向，东起江边东水门码头，经过各省客商云集的湖广会馆后，再西接旧时的丝绸绢帛集散地陕西路。虽地处昔日的市廛重地，但老巷却显得格外幽静，深深的石阶小巷山墙高耸，少有人家，更无商户，倒是谢家的宅院门楼大敞。

曾经的谢家是东水门一带有名的大户，家资颇丰。清嘉庆年间，谢家人花巨资营造了这片老宅院。到如今物是人非，谢家的大院也随着主人的离去日渐萧条颓败。老宅的大门门楼呈八字形，青砖筑墙，条石砌门，壁上涂抹的黄漆多已剥落，露出方砖的黑灰色。楣上嵌一大匾，只可惜风化得厉害，字迹已无法辨识。门上再悬木架莲花门罩，虽说有些破旧，但还算保存较好，檐板、撑拱、垂花短柱等木构皆精雕细镂，少有的细腻。二门同为石库门，只是形制简略了许多，唯在门端处稍作雕饰。

曾经的谢家,
是东水门一带有名的大户,
清嘉庆年间,
谢家人花巨资营造了这片老宅院。
到如今物是人非,
谢家的大院也随着主人的离去日渐萧条颓败。

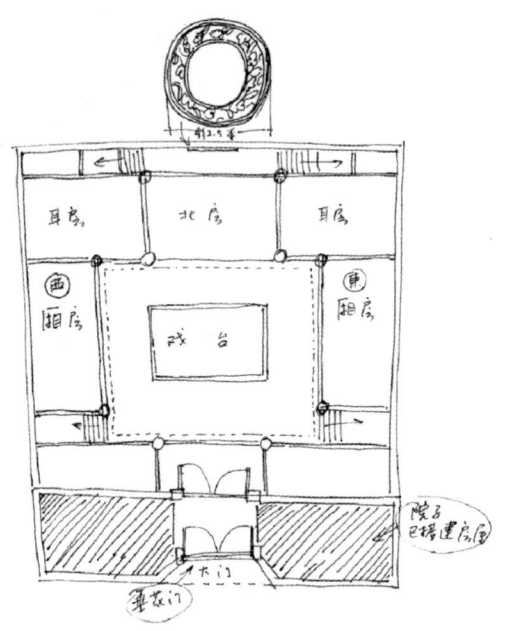

跨入两道石门后便入了宅院。院内呈四合院布局，仅存一进，四周厅堂厢房环绕，均为上下两层，木槛板，格扇窗，四十多户人家分住其间。住户们各自为阵，在狭小的空间里尽量拓展着自己的地盘，小厨房，小卧室，胡乱搭建的棚屋扰乱了原本的空间和结构。堂屋上镏金的木雕被烟熏成深褐色，有些残损，但基本上保存完好。繁复的花鸟纹在柱头檐口间的枋额、雀替、牛腿上缠绕盘曲，穿插自如，令人不得不佩服旧时人高超的雕镂技艺。枋额的正中刻了一幅戏文故事，二十多个人物栩栩如生，好像说的是府衙审案的趣事。

若不是住户指引，我们全然不知院子中间那座雕花的阁楼居然是昔日的小戏台。戏台位于宅院的正中，尽管台上以及两侧的廊道已被住户们改造成了一间间低廉的出租屋，但当年锣鼓喧天的热闹场面仿佛仍不时萦绕在雕满花卉植物的梁枋之间。戏台和廊道上的木雕皆精工雕琢，同样繁复缠绕的葡萄纹，以示多子多福。由于后世的人为破坏，葡萄环绕的主体浮雕已漶漫不清，所演绎的戏文故事也无法识别。

小戏台被彻底封存了起来，里面的主角不再是漂亮的花旦小生，而是那些以打零工贩小货维持生计的外乡人。上演的也不再是那些千古传唱的浪漫爱情戏，而是极其平凡而又琐碎的现实版七十二家房客。

礼园·西南首富，百年石屋

地址： 渝中区鹅岭公园内　　**现状：** 存飞阁、桐轩石室等

在重庆多年，印象中似乎没有上过鹅岭。究其原由，好像是那高耸的两江亭败了胃口，没了兴致。再加上"公园"二字作后缀，更是没了野趣和古意，想象中定是今人所捣鼓出来的园艺小品，无甚可游可看的。后来才渐渐知道，鹅岭之上还颇有几处前人遗下的旧迹，只是没有两江亭巍峨光鲜，故少有人提起。

鹅岭的位置生得险绝，长江、嘉陵二水南北挟持，为两江环抱距离最近处，宛若束带，形似鹅颈，故俗称"鹅项岭"。当年蜀汉将军李严踞守江州，就计划凿开鹅项岭，连通两江，使江州城四面环水，成一江心洲。清宣统年间，云南大盐商李耀庭的儿子购下鹅岭上的数十亩山林，筑室建阁，营造园林，让老父息养园中，颐养天年，并以园中所藏康熙御书《宜春帖》为园子取名"宜园"。后因李耀庭常说自己"生而好礼"，遂又更名为"礼园"。

李耀庭系云南昭通人，出身贫寒。因得天顺祥票号老板赏识，于清光绪六年（1880年）来到重庆担任票号渝州分号的管事。李耀庭接任短短数年，竟将天顺祥的分号扩至全国诸省，一跃成为南帮票号之首。李耀庭因此分得巨额红利，其自营盐号"祥发公"也逐渐发展成川东最大的盐号，成为西南首富。1904年，重庆设立商务总会，李耀庭被公推为首任总理，为重庆商务实业的发展尽力颇多。同时还热心慈善，赈灾、救荒、修桥、兴学等公益事业皆大力资助，为时人所称道。以至于在其七十寿辰时，送礼祝寿者，上自六部尚书达官贵人，下至平民百姓全城丐头。每晚名角会演，好戏连台，寿庆足足长达一月之久。

民国元年，76岁的李耀庭病逝于太平门府邸，出殡之日，棺材六十四抬，执事、鼓乐、铭旌、香亭、灵轿、僧道诵经，浩浩荡荡，沿途无数香案路祭，锣鼓喧天，鞭炮不绝。送葬队伍长达十余里，前队已上了鹅岭，后队还未出太平门。如此规模的殡葬大礼，为重庆历来所罕见。

礼园祠轩石室

礼园乃旧时重庆著名的私家园林，有"园林之胜，甲于重庆"一说，尤在清末民初时，云、贵、川那些雄踞一方的军政大员、文人雅士多聚集礼园，宴饮游玩，如云贵总督林绍牟、四川护理总督王人文、四川盐茶道赵藩、四川议长蒲伯英和赵熙、云南都督蔡锷、四川讨袁军总司令熊克武，以及向楚、宋育仁、王闿运、郑孝胥……甚至还编撰出了一本名为《礼园杂记》的诗文集。文中曾记道"四方之士道渝者……朋来则纵饮相角以诗。"蔡锷将军客居礼园期间也赋诗一首，"四野飞雪千峰会，一林落日万松高。""七七事变"后，国民政府迁都重庆。国难当头，好些旧时的别墅林园纷纷献出供国府机构使用，礼园中的飞阁也被改作了蒋介石夫妇的临时寓所，小住半年后迁至了黄山官邸。后由英国大使卡尔继续居住，长达五年之久。园内其他房舍也多更为了各国的使馆驻地，如澳大利亚公使馆、丹麦公使馆、土耳其大使馆等。重庆解放后，礼园作为敌产被没收，成了西南军区司令部，邓小平、刘伯承、贺龙、李达等开国元勋先后在此居住。

桐轩石室乃礼园遗构之一，位于鹅岭的山巅，冬暖夏凉，系当年李耀庭的避暑地，因四周遍植梧桐，故得名"桐轩"。桐轩石室建造于清朝末年，为清末民初最为典型的中西合璧式建筑，中式的斗拱、镂刻、雕花，西洋的柱头、拱门、券窗交合在一起，不用一木一钉，全以石头垒砌。石室墙面满饰昆虫、鸭子、宝瓶、几何纹等各式图案的镂雕，甚至还镂刻上了花式的文字，"桐轩"、"互助"、"博爱"。轩内为一正两耳的格局，阔约一百平方米，如同古罗马时代的墓穴。石室呈穹隆顶，壁面全以几何形装饰，楣的上方雕的是一幅在西方神庙中才能见到的石狮浮雕。石室正中及左右两壁分别镌刻出中国地图、世界地图，以及日地四季更替图。如此装饰足见园主人在当时力图求新求变的眼光与情趣。两耳室各有石梯可通向屋顶的观景平台，登顶四望，可俯瞰嘉陵江，正如光绪年间进士宋育仁（被誉为四川"睁眼看世界"的第一人）《题礼园亭馆》诗中所咏："步虚声下御风台，一角山楼雨涧开。爽气西浮白驹逝，江流东去海潮回。俯临木杪孤亭出，静听涛音万壑哀。"

全石材砌筑的桐轩石室乃整个山城所仅有，堪为重庆一绝。就冲这间百年石室，也不枉走一趟鹅岭。

礼园桐轩石室

石室内景

石室内景　　日地四季更替图

世界地图　　中国地图

刘家花园·雕镂工丽的清末大宅

地址：南岸区鹅公岩龙门浩职业中学内　　现状：保存完好，建筑施工队暂住，后修缮一新

据说，在南岸区龙门浩职业中学有一栋百年老宅子，平日里没有人居住，阴森可怕。当我们到达龙门浩职业中学时，那里已是一片繁忙的建筑工地，我们的心情顿时忐忑不安起来，很是担心老宅的命运。所幸，在工地地基大坑旁发现了它。老宅距离施工现场仅一米的距离，从侧面墙壁上残留下来的建筑痕迹可以看出，老宅的一部分已经被拆除，并在原址上挖出了一个大坑。

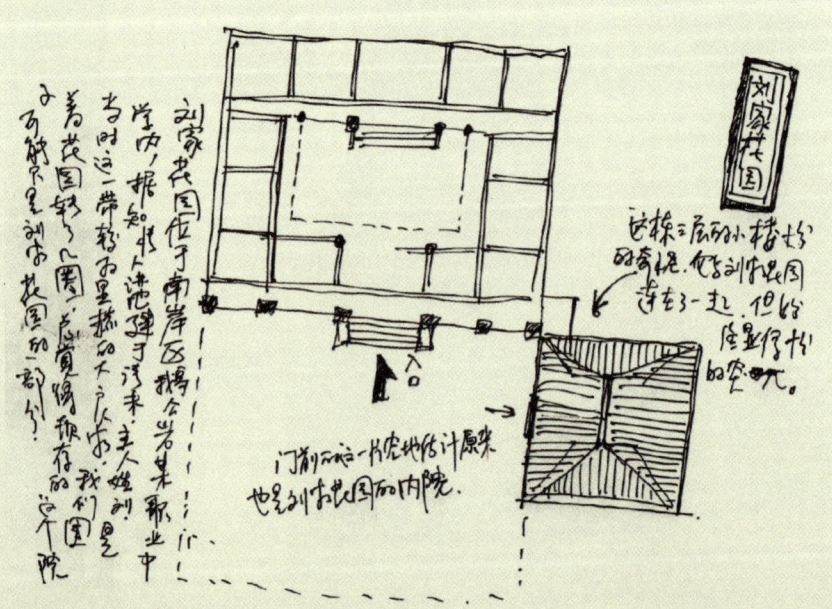

雕饰精美的刘家花园

老宅前面部分的建筑或许也未能幸免，内院在无奈中变成了前院。院左侧有一栋三层青砖小楼，部分已经垮塌拆除。小楼具有民国时期的建筑特点，但不知道这栋不同时期的小楼是否也属于老宅的一部分。

经过多方打听，方得知这老房子的主人姓刘，是当时这一带最为显赫的大户人家。老宅修建于清末，经过百多年的兴衰起落，已是人去楼空。老宅子里悲欢离合的故事也随着时间隐退，剩下一座空壳让后人遐想。因为刘氏宅院宽阔气派，梁柱上雕龙画凤尤其好看，附近的人们就习惯地叫它"刘家花园"。

经历了一百多年岁月的侵蚀，老宅已风烛残年、岌岌可危。当我们走近它时，看见破损严重的建筑外立面和残缺不全的瓦，心里感觉有些失落，而里面的光景却使我们兴奋不已。首先跳入眼帘的一副红色的木雕额枋，在阳光的照射下金光灿烂。雕刻的花卉和走兽栩栩如生，刀法细腻，保存也非常完好，可算是川东民间木雕的精品。雕刻精美的撑拱和雀替清晰可见，更显得高雅而华贵。

刘家花园是典型的两进五间清式民居，堂屋、耳房、厢房都是按传统的形式分布。一重和二重之间是开敞亮堂的天井庭院，地上斜铺着方正的青石。由于年代久远，青石上长满了一层薄薄的苔藓。整栋建筑为上下两层砖木混合结构，硬山屋顶，小青瓦屋盖。墙和柱均为青砖砌成，阶沿柱础为暗红色砂石。红色的木花格窗、木栏杆、木隔扇，与青砖在色彩和质地上形成鲜明的对比，很有质感。二楼设有外廊并形成一圈回廊。我们从楼梯上到二楼，走在木质的回廊上，还真有点担心这些楼板百年后的承受力。楼上的房屋已闲置了很久，空空的，布满了厚厚的灰尘。

整座宅院很干净，没有什么多余的东西，除了一楼是建筑施工队的临时办公室和工人的宿舍外，这里已长期无人居住。似乎这样，反而少了些人为的破坏，多了些老宅的原貌。

聚兴诚银行·无聚不成行

地址：渝中区解放东路112号　　现状：现属重庆农联，部分已出租

　　解放东路，旧时重庆下半城最繁华的一条商街，其东接陕西街，西连解放西路，全长约三里。直到今天，我们也能从其残留下来的老楼中感受到往昔的繁盛。大路的东端有一栋被电梯公寓团团围住的老楼，老楼高四层，墙面黄灰，一派破相。别看它如今满目疮痍，残旧不堪，可早在八十多年前，它却是这座城里最为新派、最具气势的建筑之一。它就是四川开设的第一家私营银行——聚兴诚银行。

　　清朝末时，曾风光一时的票号业日渐式微，而钱庄业却逐渐兴繁起来。清光绪二十二年（1896年），重庆第一家钱庄同生福开业，短短数年间，重庆所设钱庄已多达五十余家。而此时，重庆商界巨子杨文光及其子嗣已将目光投向了另一个全新的金融领域——银行业。

　　聚兴诚的老东家杨文光出身贫寒，早年辍学从商，入了家商号当学徒。因聪慧好学，做事勤恳谨慎，深得东家赏识，三年师满后升为了掌柜。在这期间，杨文光不但熟悉了商务，积累了资金，还获得了日后经商最不可或缺的人脉和声望。1897年，杨文光辞去商号掌柜，自立门户，开了间名为"聚兴仁"的商号。此时的重庆城开埠多年，充满了商机。头脑灵活的杨文光决定以深购远销、上下通做的方式来拓展自己的市场。他一面派人深入各地山区坐庄收购当地的山货、银耳、药材等土特产品，销往上海等东南沿海。同时又在上海坐庄买进洋布、棉纱、机器、五金、百货等舶来品，运回重庆分销，这一出一进，获利颇丰。短短七八年间，聚兴仁就在杨文光的打理下经营得风生水起，盛极一时。至1904年，已开设商号十余处，购置田产数百亩，成为重庆的豪商巨贾。

　　光有杨文光的精明能干，或许也不能办成后来的聚兴诚银行。他的两个儿子可谓是青出于蓝而胜于蓝。先说三子杨希仲。杨希仲早年先后留学于日本和美国，攻读商科。在求学期间，杨希仲力主父亲开办现代银行，开展国际贸易，并在美国设立"中华物产会社"，展示销售国内的土特产品。回国后，杨希仲还亲自收购了一批桐油，从重庆一路运到了美国，开了重庆山货、桐油远销美国的先河。在日后的管理中，杨希仲主要负责对外贸易，成了十多个洋货品牌的总代理。杨希仲善交际，聚兴诚的外联事物多由他去交涉。在创办聚兴诚银行之初，杨希仲曾多次往来于成都、北京各政府部门之间，在得到省内诸公的全力支持后，才得以顺利注册下聚兴诚银行。

聚兴诚银行创办于1915年，仿日本三开银行进行设计修筑，大楼平面呈工字形，楼高四层，通柱券窗，高大雄浑，即便是站在长江的对岸也能远远望见。

杨家老五杨粲三,是继杨文光后聚兴诚的实际掌门人。上世纪二十年代末,四川上上下下可说是乱成了一锅粥,军阀们连年混战。聚兴诚银行也因时局不利,盈利连年下跌,甚至到了难以维系的地步。此时的杨粲三沉着应对,制定出"植根西南"、"经营西南"的市场定位方针,在省内广设业务机构,并逐渐向滇、黔、湘、桂等地扩散。再逐步收缩航运、外贸等业务,集中力量经营银行业。几年下来,终稳定了局势,扭亏为盈。至1948年,聚兴诚在全国共设分支机构32处,成为西南地区金融业的巨头。

聚兴诚银行创办于1915年,其银行大楼完全仿照日本三井银行的建筑制式进行设计修筑。大楼平面呈工字形,楼高四层,通柱券窗,高大雄浑,即便是站在长江的对岸,也能远远望见聚兴诚那巨大的身躯。1951年,聚兴诚银行接受公私合营,全国各地的聚兴诚银行大楼随即被废,改作了他用。如今物是人非,位于解放东路的聚兴诚银行总部大楼也曾一度作为旅馆使用多年,后属农联所有。楼内的部分空间被临时的隔墙改变了原有的格局,处处显出拥挤的窘态。高敞的空间,廉价的租金,吸引一些商家将楼内的房间租赁下来,作为堆放货物的临时仓库。由于久未维修,聚兴诚银行的外墙上竟意外地保留下当年"文革"武斗期间守楼方墨书标语的痕迹,"来犯者先留命"、"当心狗命"……

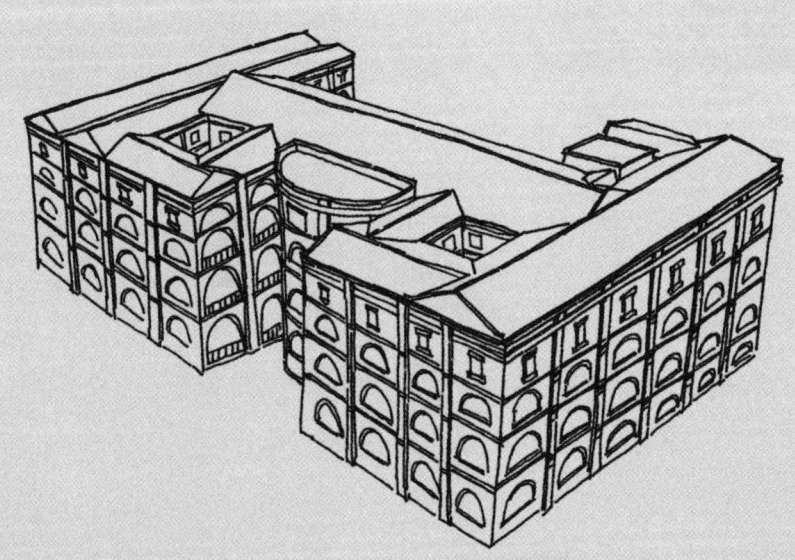

解放东路老楼

聚兴诚银行

聚兴诚银行

平面呈工字形的聚兴诚银行

"文革"武斗期间所留下的标语痕迹

聚兴诚银行

打铜街·昔日铜铁铺，战时华尔街

地址： 下城区解放路与浣纱路交汇处　　**现状：** 故址尚存

记得儿时回重庆老家，下了火车，天还未明，便跟着父母兄弟大包小包地爬坡上坎，挤公交，坐缆车，一路辛苦，终于到了伯父的家。那是一条在我看来十分怪异的街道，长长的大斜坡，行人稀少，且每只鞋跟下都会发出金属般清脆的响声。街旁的楼房也是我从未见过的那种高高大大、雕有许多复杂花纹的西洋式建筑。从大人们的谈话中，我听到了这个被反复提及多次的名字——打铜街。

打铜街下起陕西路，宽约七米，长两百米，坡陡三十余度，是连接上下半城最短也最倾斜的街道。与民族路、新华路共同构成一个标准的十字路口，俗称"小什字"（大什字即今解放碑，纵观整个重庆老城，如此垂直的十字路似乎仅此两条）。早在清时，东水门即集散码头的喧嚣经八省会馆、陕西路，顺着坡地，一路延伸至此。那些善制器的铜铁匠人们三三两两来到坡上，摆摊设铺，锻造各种铜制器物，什么铜盆、铜壶、铜盘、铜勺、铜锁、铜拉手、铜铃铛、铜帐钩子等应有尽有。长坡后渐成铜器一条街，最盛时经营铜器的作坊多达百余家，金火之声昼夜可闻，故得名"打铜街"。铁匠们也紧挨着打铜街开炉打铁，锻造铁锅、菜刀、剪子、锄镐、镰刀、铁钉等生活用具或农具，又得名"打铁街"（即小什字到二十五中学这段斜坡路）。打铁街后与其他两条小街合并，成了今天的新华路。出了打铜街、打铁街，也基本上算是出了重庆老城的商业圈，后来所说的"重庆第一繁华大街"督邮街（即民族路、解放碑、民权路一线）都已是陪都时期的后话了。

打铜街、打铁街、陕西街围着的那片高墙重宇，原是川东道署衙门，也就是民间俗称的"道台衙门"。入民国后，道台衙门归了军政府，后又一度作为四川省省长的驻地。1921年，重庆开始安装路灯，署衙旁的打铜街、陕西街、小什字等主要街道自是首当其冲，成为这座城市最早安装路灯的街道。那时的路灯较为简陋，两根木桩子，中间连着电线，灯就悬挂在马路中央，稍有风吹，灯也跟着左右摇晃。"灯儿晃、灯儿晃"（重庆方言，意为闲逛，有路灯的街道都是当时最为热闹的去处）就出自于此。

1926年，四川善后督办刘湘施新政，将原道台衙门悉数拆除，辟为重庆第一模范市场，兴商利市。第一模范市场的开辟，自是将重庆的商业中心从下半城的沿江码头逐渐移到了上半城。如今的"道门口"一带就是当年的川东道署和第一模范市场的故地。上世纪三十年代，上半城日渐兴繁，而连接上下半城的打铜街则以其地理优势，逐渐由传统商街向金融街转变。1930年，川康银行在打铜街开业。

1935年，美丰银行大楼在新华路落成。1936年，川盐银行大楼在新华路竣工。1938年，交通银行迁至打铜街。除此之外，中国银行、聚兴诚银行、和成银行，以及各省地方银行、钱庄等纷纷设址于这一带，使之成为全国的金融中心，甚至被人夸张地称为"抗战时期中国的华尔街"。

抗战时期,这栋刚建成不久的川康银行大楼,因其墙厚壁坚,而被故宫博物院选定为国宝的秘密存放点。存放故宫书画文物数千箱。

再至打铜街,恍若时光倒流。冷静的街区,贵气的建筑,被夹在烦躁的上半城和长滨路之间,一洗重庆市井的媚俗。这样发黄的街区,是怀旧思往最好的去处。眼前打铜街不再是百多年前充满金火之声的打铜街,也不是七十年前轻歌曼舞、雍容矜贵的金融街,更不是三十年前初到重庆时冷清逼仄,甚至有些压抑的斜坡长街。这里的一切都成了记忆,曾夜夜笙歌的圆圆舞厅,好戏连台的新民电影院、银社礼堂都已无了影踪,唯有两栋并排着的旧时银行大楼似乎还能见证些什么。

交通银行　　地址:渝中区打铜街14号　　现状:现为中国建设银行渝中支行

交通银行实为清政府的国家银行,为筹款赎买京汉铁路而设。最早创立于1908年,总行设在北京,后迁至上海,为中国早期四大银行之一,也是中国早期的发钞行之一。抗战爆发后,国民政府的中央银行、中国银行、交通银行、农民银行、邮政储金汇业局等四行一局的总部及大批外地金融机构悉数西迁重庆,交通银行于1938年秋迁至重庆打铜街。打铜街的这栋银行大楼修建于1936年,大楼造型繁复,拱券门窗、爱奥尼圆柱、卷草舒花的西洋雕饰,典型的欧式复古风格。据说大楼由英国知名建筑事务所担纲设计,其用途并非银行,而是高档的豪华大饭店。

川康银行　　地址:渝中区打铜街16号　　现状:打铜街邮政局大楼

川康银行,全称"川康平民商业银行",其前身是川康殖业银行,由刘湘(时任二十一军军长)、刘文辉(时任二十四军军长)叔侄俩,以及民营企业家卢作孚官商合办于1930年。1937年,川康殖业银行将重庆平民银行、四川商业银行两家银行兼并,改为川康平民商业银行。抗战时期,这栋刚建成不久的银行大楼为保护故宫文物立下了汗马功劳,被传为佳话。

"九一八事变"爆发后,故宫一万余箱近六十万件文物分批从紫禁城运出,移往南京。然而故宫文物在南京安身尚不足一年,"七七事变"又起,南京告急。行政院再度下令,分三路转移这些国宝,其中,北路迁往洛阳、西安,最后运至四川峨眉;南路迁到长沙,后落脚贵州安顺;中路至汉口,后又西撤至重庆。其中秘密运抵重庆的文物共计9338箱,多为字画。为了妥善保存这批珍贵文物,故宫博物院的工作人员对重庆各大仓库进行了反复筛选,最终确定了三处秘密存放点。一是位于南岸王家沱的吉时洋行仓库,二是位于南岸的安达森洋行仓库,三就是位于打铜街的川康银行仓库。川康银行虽地处市中心,容易遭到日机的轰炸,但由于是刚建成没几年的新式建筑,十分坚固,国宝存放在此也较为安全。据住在川康银行附近的老人回忆说,当年川康银行驻有许多荷枪实弹的军人,还曾看见好些押运人员小心翼翼地将一箱箱东西往川康银行里搬,当时也不知是什么东西,后来才听说是价值连城的故宫国宝。

1938年底,日机开始对重庆进行狂轰滥炸,重庆城一片火海。为了保证这批国宝的绝对安全,故宫博物院决定再度迁移,最后辗转至乐山安谷乡,分藏于一座寺庙和六座祠堂中。战事结束后,颠沛流离十余年的三路故宫文物再度汇集重庆,于1947年运返南京。

交通银行大楼，
造型繁复，
典型的欧式复古风格。
据说大楼由英国知名建筑事务所担纲设计，
其用途并非银行，
而是高档的豪华大饭店。

新华路·摩天大楼降火魔

重庆的旧迹，总的来说都还算丰富，上半城、下半城、江北、南岸，多少还留有那么一些遗构。倒是小什字到朝天门的两江嘴区域却显得有些贫瘠，无论你再怎么努力，也寻不出什么旧迹来。不是因为后世拆迁工作做得细致，而是六十年前的一场大火，将它彻底地吞噬干净。

小什字的重庆饭店是山城的一座地标。二十年前，它作为这座城市的高档涉外饭店而家喻户晓。七十年前，它作为这座城市的第一高楼而显赫一时。但最值得老人们念叨的却是六十年前，它与相邻的美丰银行一道，以其钢筋混凝土之躯挡住了重庆有史以来最为凶猛的一场大火，保全住了重庆。而两楼以北只剩一片漆黑焦土。

那是1949年9月2日的下午三时许，陕西街余家巷的一家油腊店突发大火。要知道旧时重庆的下半城，多是木板竹席搭起的吊脚楼，接栋连檐，重重叠叠，一旦火起，后果不堪设想。恰巧那天风力正盛，熊熊大火就着山势风势，很快就蔓延开去，偌大个重庆城瞬间成为一片火海。大火连续烧了十六七个小时，直到第二天清晨才逐渐熄灭。大火肆虐的区域为当时的第一区，即今朝天门、千厮门、小什字、东水门这个长江和嘉陵江的夹角地带，乃旧时重庆商业最盛处，这座城市的大部分银行、钱庄、商行、货栈、仓库都集中在这一区域，谁料天降一把无名火，市廛精华皆付之一炬，甚至还殃及了停泊在江面的大小船舶。后据市警察局统计，此次火灾共烧毁街巷39条、学校7所、机关10处、银行钱庄33家、仓库22所、民房8000余户，囤船、驳船、木船被焚者共百余艘，有户口可查的死者2568人，掩埋尸体2874具，伤4000余人。由于大批仓库被毁，物资的损失更为惨重，竟占了全市物资的百分之七十以上。

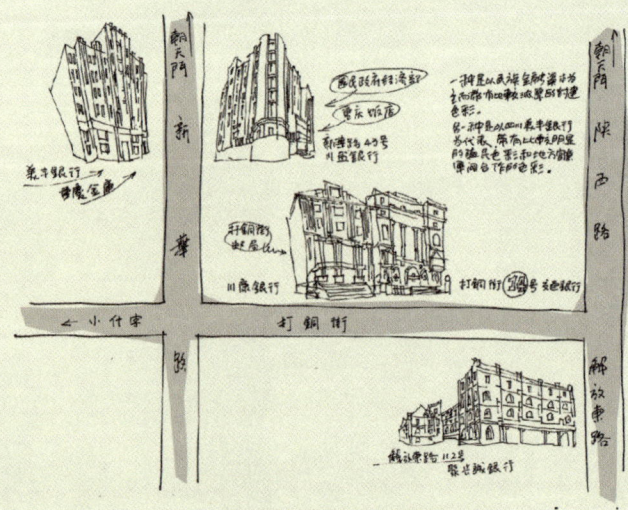

美丰银行大楼,由中国建筑大师杨廷宝主持设计,其立面为古代布币造型,高六层,钢筋混凝土结构,简洁峻朗,为当时重庆首屈一指的现代建筑。

"九二火灾"之后,重庆各行各业元气大伤。被焚毁的码头、市场、仓栈、厂房、商号等再也无力恢复营运。粮食、棉花、棉纱、食糖等物资也因市场、码头、仓库等被毁而停止交易,整个市场呈现出危机。同月九日,南岸再遭无名大火,焚毁房屋八十余间。事后,关于美国人认为的这"世界第三次大火灾"的起因,国共双方各执一辞。重庆当局认定此为中共地下党故意纵火,并于次日抓获了五名纵火犯,执行了枪决。中共方面则认为是国民党在溃逃撤退前,为不让自己苦心经营的城市白白拱手相让他人,从而上演了一出"贼喊捉贼"的好戏。四十年后,官方对这一事件重新盖棺定论,不再指责国民党当局是"溃逃前的故意纵火",而是"油腊铺不慎失火"。"不慎失火"自是很合理的解释,只是葬身于"九二火灾"的那数千亡灵或许无法瞑目,他们那日所见的起火点似乎并非一处,也非同一街区。两个月后,即1949年11月30日,重庆解放。

不幸中的万幸,正是这新华路上的两栋摩天楼,美丰银行和川盐银行。两栋银行大楼隔街而立,钢筋混凝土构筑。当年火魔肆虐至此时,被其高大且坚固的外墙所阻挡,使火势未能继续向小什字、打铜街方向蔓延。

美丰银行　　地址:渝中区新华路　　现状:国家金库重庆分库

1922年,中美合资美丰银行在重庆开业,这是重庆第一家中外合资的商业银行。1927年,美丰银行的美资股权为华商全部收购。1934年,时任总经理的康心如为筹措新楼经费,实行"美丰银行纪念储金"(一次存入28.38元,十年后连本付息100元),获取资金22万多元。次年8月,耗资49万余元,内设电梯的美丰银行大楼正式落成。美丰银行由中国建筑大师杨廷宝主持设计,大楼立面为古代布币造型,高六层,钢筋混凝土结构,下面两层以黑色花岗石贴面,上面四层贴黄褐色墙砖,简洁峻朗,是当时重庆首屈一指的现代建筑。

川盐银行　　地址:渝中区新华路43号　　现状:重庆饭店

美丰银行对面的重庆饭店有两栋民国时期修筑的高楼,其中四层的东楼为原中国银行,八层的南楼则为旧时的川盐银行。在上世纪三四十年代,这栋外观简洁的大楼可是当时重庆的标志性建筑之一。

川盐银行的前身为重庆盐业银行。四川盛产食盐,重庆则是川盐外销的主要集散地。1930年,时任四川盐运使的王缵绪与重庆盐业公会主席曾子唯等56家盐商筹组成立了重庆盐业银行,以解决盐帮运销川盐的资金困难。但由于种种原因,盐业银行于1931年便宣告停业。后经改组,复业为重庆川盐银行。川盐银行与美丰银行仅一街之隔,历来为商业上的竞争对手。1935年,美丰银行因新筑六层高楼而名声大噪,储户猛增,使得盐业银行的业务大受影响。次年,川盐银行董事长吴受彤耗资60万元修建了一栋八层的银行大楼,后还嫌不够气派,又多加了一层宝顶,成为当年重庆最高、最摩登的建筑。抗战期间,国民政府经济部移迁重庆,便入驻这川盐银行大楼内。1959年,银行大楼改建为重庆饭店。

继美丰银行之后,盐业银行在小什字再建一九层高楼,成为当年重庆最高、最摩登的建筑。抗战期间,曾一度作为国民政府经济部使用。

货懋公司·陋巷间的华美洋楼

地址：渝中区太华楼二巷　　现状：重庆市食品公司宿舍

下半城是重庆的老城区，是重庆老巷、老房子较为集中的区域。在这里，一条条相互交错的老巷子以及它两旁层层叠叠的老吊脚楼曾经为我们勾画出了一幅又一幅的老山城经典画面。而今，在从未停止过的建筑打桩声中，那些老巷子里的老商号、老药铺、老茶馆和老民居都随着旧城改造渐渐地离我们远去。我们在这些老街小巷里穿行，捕捉那些即将逝去的点点滴滴。

重庆的小巷很多，突然闯进来的陌生人常常会迷失在或有或无的门牌号码之间。我们也索性在这破旧的巷子里游走，难以想象这就是老重庆城过去的主要街道。下半城虽然经历了无数次的火灾水患，但许多老宅深院依然幸免于难，藏匿其中。经过太华楼二巷7号的时候，一堵高大的有拼花的青砖围墙吸引了我们疲倦的眼睛。高大的青砖围墙，拱形的大门，显然区别于其周围的危房小楼，而大门后面一栋具有明显欧式风格的洋楼更是夺人眼球。

进入大门，一栋三层外廊式的欧式洋楼矗立在我们面前，方柱、拱门和雕花的木栏杆诉说着它曾经的荣耀。楼房里的楼板有些已经腐烂，一些废弃的家什已成了老鼠窝。在这里住了近50年的张婆婆，是这栋楼房唯一的常住户，其他的都是进城民工租赁户。据张婆婆说，这栋楼房解放前是一个名叫刘伊凡的民族资本家创办的货懋公司的产业，解放后改为重庆食品公司的宿舍，但现在已经是危房，住户们等待着搬迁。

青砖围墙

位于太华楼二巷的货栈公司

昔日的浮华未曾远逝

铜元局·百年铸币厂

地址：南岸区滨江路铜元局　　现状：现已拆除，改建为大型居住小区

渝中半岛与南岸半岛隔江南北对峙，地形酷似太极八卦图。渝中半岛自古以来，就是重庆政治文化的中心，市廛兴繁之地。铜元局和解放碑则正好是太极图上的黑白两点，而地处南岸的半岛福地却一直鲜为人知。不仅南岸半岛在地理上具有得天独厚的自然条件，而且这里财源滚滚，是出产钱币的地方。半岛地势平坦，三面临江，骑龙山如屏障拱护其背，长江如玉带环绕其下。老重庆人都说，铜元局是风水宝地。

清光绪三十一年，四川总督锡良奏请光绪在重庆设局铸造铜元，引进英、德机械设备各一套。民国二年五月正式铸造铜元，后又铸造银元，因工厂初始制造铜元而得名"铜元局"。民国初年，铜元局成了各军阀争夺的肥肉。刘湘占据重庆后，将铜元局改造成兵工厂生产子弹。抗战时期，铜元局成为后方重要的兵工企业，为抗战立下了汗马功劳。新中国成立后，兵工厂改建为国营长江电工厂，继续生产军工产品。二十世纪八十年代，该厂还生产了数十亿枚壹分币和六亿多枚贰分币。铜元局整整经历了一百个春秋，见证了重庆工业的变迁。重庆的第一台发动机

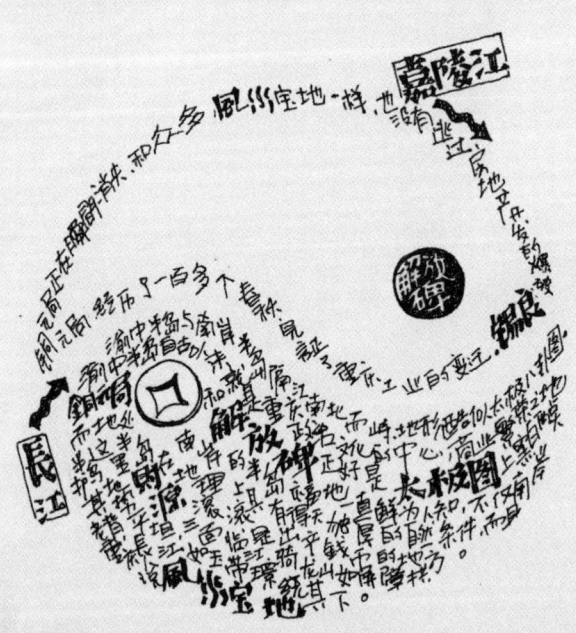

青砖房是百年前的生产车间,因两排厂房各装配有英国和德国的机器,大家习惯叫它们英厂和德厂。老厂房系硬山墙,拱券门窗,檐口处皆以青砖层层叠加。

在这里开动,第一个电灯泡在这里点亮,第一批工人从这里走出,第一枚钱币、第一颗子弹在这里生产。然而,曾经的辉煌也抵挡不了社会经济的发展,百年铜元局正在消失。同所有的风水宝地一样,铜元局也没有逃过房地产开发商的爆破和推土机,而最终成为百年辉煌的终结者。

在铜元局最后的日子里,我们重游了这块宝地。铜元局只剩下靠近江边码头的一部分老厂房和家属区没有搬迁,其他地方都已被推平,或变得高楼林立、张灯结彩。厂区里反而很萧条,瓦房、枯叶、杂草,机器低沉的轰鸣声和冲床高亢的撞击声是整个厂区持续不断的背景音乐。

我们首先看到的是四十八梯。每次经过此地的时候,都忘了数一数是否真的只有四十八步石梯。很早就听说,四十八梯是清末铜元局招工考核工人的地方。应试者必须肩挑百余公斤的铅块,登上四十八级石阶,方可过体能关入厂做工。

下了四十八梯,循着陌生的机油味继续往前,就来到了厂房门口。这就是百年的老厂房,因为两排厂房各装配有英国和德国的机器,大家习惯叫它们英厂和德厂。至今,英厂和德厂里的两台英式和德式机床仍能使用。厂房虽已经破旧不堪,但山墙的造型却体现出那个时代的建筑特点,拱形门窗、圆形通风口和墙顶都用青砖略作修饰。进入右边一间黑洞洞的厂房,屋顶溢下来的玄光牵引我们的目光向上看。木构架大棚气势恢宏,一直延伸到很远的隔墙上,越过隔墙继续延伸。屋顶中间的厂棚高出两边屋顶两米左右,自然光就从错落的屋棚照进来。高高的木梁上依次吊着高高的电风扇。顺着风扇往下,发黄斑驳的墙上写着安全生产之类的标语和生产进度表。地面是常年被油浸泡过的三合土,油黑得像煤。里面摆放了很多机器,台灯照亮整个工作台面,一些工人正在操作。旁边堆放的木箱里发出点点金色的碎光。仔细辨认,是一颗颗黄灿灿的子弹壳。左边的厂房,比右边的厂房修建的时间晚一些,钢结构的棚架空间更大,更明亮透气,工人还在为生产最后一批子弹工作。

目前,铜元局已被地产商购得,准备修建大型居住小区,而原有的英厂、德厂、签押房、苏式大礼堂、英国财务总监小洋楼等百年老建筑也将成为酒吧风情街、商业城的一部分。

清末铜元局招工考核工人的四十八梯

铜元局老厂房

铜元局老厂房

水塔·开重庆自来水之先

地址：渝中区石板坡重庆市自来水公司　　现状：保存较好

每次坐车从南坪隧道驶入重庆长江大桥，抬头远望，便见在渝中半岛临长江沿岸天际线制高点上耸立着一座塔。它好像与生俱来是和石板坡的岩壁、吊脚楼、树长在一起的。这究竟是座什么塔？匆匆而过的行人很少留意到它。

二十世纪三十年代以前的重庆，虽然两江环抱，有着十分丰富的水资源，但却饮用不到干净方便的水。世世代代的重庆人不得不依靠肩挑手提将水一桶桶地从长江和嘉陵江中担回家里。因此，挑水工便应运而生了。当时重庆人口不到四十万，而以挑水为生的挑水工就多达两万人。不管春夏秋冬，每天一清早，挑水工们就开始了他们一天的生计。每天都要上上下下来回几十趟，直到把各家的水缸装满，水桶里溅出的水花弄湿了街面，终日难干……由于才挑上来的江水十分浑浊，还需放入明矾等物将水澄清后方能饮用。至今，上了年纪的老重庆都还能清晰地记起那段请人挑水吃的日子。

1932年，重庆人终于喝上了自来水，从此结束了挑水吃的历史。俗话说："吃水不忘挖井人"。重庆人不该忘记的挖井人，就是著名的水电工程专家税西恒。1927年，税西恒在重庆创办了自来水公司，他亲自担任水厂的设计和建筑工作。经过两年筹划修建，重庆第一座水厂终于在1932年顺利完工并开始供水，方便洁净的自来水开始流入山城的千家万户。我们远远望去的那座塔，就是自来水公司的标志性建筑——水塔。

水塔隐藏在重庆市自来水公司内的一片树丛中，被茂密的树木簇拥着，四周杂草丛生，苔藓遍地，与对面的南岸隔江相望。塔身上方下圆，底层是一圈圆柱围成的环形回廊，二层是圆形塔柱，三层变化为方形塔身和方柱，开方窗，延伸到四层开圆窗，顶层圆柱弧形顶。整个装饰风格体现出西洋建筑的特点，造型采用中国古塔的造塔元素，古朴精致。直线和曲线的不断变化对比，形成有趣的节奏。

高高的水塔既是自来水公司的标志性建筑，也是重庆近代工业发展过程中具有特殊意义的建筑。税西恒老先生去世后，也长眠在这座水塔之下。

隐于密林间的重庆水塔,是这座城市告别"挑水吃"的开始

水塔的底层来自西洋,一阁罗马圆柱围成的环形回廊

十八梯·上下半城累死人

地址：渝中区较场口与厚池街之间　　现状：即将拆除

有坡就有坎，下半城的石梯坎是重庆人见惯不怪的奇观。联系上下半城除了几条公路以外，大多都是一些步行的小巷。巷子里的石梯又陡又长，总是爬不完。长期以来，重庆人与这些坡坡坎坎和巷子结下了特殊情结，巷子两边的老墙和吊脚楼夹着窄窄的石梯更是人们生活的场所。石梯是路，石梯也是街，人们坐在石梯上纳凉，挑夫在石梯上歇脚，也有人在石梯上摆摊做小买卖，一块块的老字号招牌在各家的屋檐下飘摇。

从繁闹的较场口迈下隐蔽的十八梯的第一步石梯便来到了下半城。两百多级石阶一泻而下，不仅仅是海拔高度的差距，更多的是心理和感受的落差。老房子、老铺子犹如凝固在几年前、几十年前的老照片里。十八梯本是条长达两百多级石阶的陡坡，梯梯相连，一口气爬上去，大小伙子也会累个半死。后为缓减路人爬坡上坎的辛苦，将长梯分段垒筑，形成十八层台阶，使连绵不断的石坎长梯间形成多处缓冲地带，能喘口气，歇个脚，俗称"十八梯"。

十八梯是联系上下半城最宽敞的巷子，踏步高低均匀，石梯中间不时有休息平台可以歇脚，小商铺顺着石梯参差不齐地排列下去。傍晚时分，各家陆续地把小摊收回屋里，整条街便一下子变得宽阔安静起来，人们便在石梯上纳凉聊天。下完十八梯便是厚池街，原名"浩池街"，谐音"好吃街"。厚池街位于南纪、凤凰二门之间，长约一里。城门外屠牛宰羊，蔬菜满棚；城门内则是酒旗茶幌飘扬，沿街的饭庄、酒肆、茶馆、客栈，一家接着一家，好不热闹。连接厚池街的是金紫门内的守备街，通过月台坝的石梯路可上到上半城。与十八梯的"懒洋坡"不同，月台坝很窄，弯弯曲曲的很隐蔽，十分陡峭，上坡容易下坡难。时髦的高跟鞋女郎只有侧身捂着裙摆横着脚掌一步一步地向下挪动，很是辛苦。

在下半城的大街小巷里还残存着一些老宅院，它们大都经历了大半个世纪甚至上百年的历史。我们无从考证其具体的修建年代，房子最初的主人也不知去向。有些老宅只剩下一道门、一堵墙，破旧不堪，随时会消失；但它们侥幸地躲过了天灾人祸，见证了城市发展与历史的变迁，世俗的人文浸染在了每一块砖、每一片瓦里。

上半城，下半城，上下半城累死人

晋冀鲁豫子弟校·红校往事,延安记忆

地址:渝中区中山四路人民小学内　现状:现为人民小学教职员工的宿舍

重庆的上清寺至曾家岩一线,是民国后的新城区,也是陪都时期的政治文化中心。短短两三里的地界内聚集着国民政府所属各行政部门的办公机构,如国府、行政院、考试院等国家的最高权力机关,以及蒋介石、宋美龄、宋子文、戴季陶、李宗仁、张治中、戴笠等党国高层人士的官邸别墅。

宽阔的马路上绿树成荫,掩映下的公馆别墅虽造型各异,但所透出的,都是那种来自七十前、素雅清新的民国风。然而在这其中却混杂着一处完全不同类型的建筑。建筑由两栋大楼所围合,连着围墙形成一个独立的院子。院子大门呈牌楼式,拱形门洞,额上没有过多的装饰,唯塑有一大四小五颗红星,虽褪了些色泽,但依然还能让人感受到那红星释出的光芒。两栋楼房修建在一座高高石基上,楼高三层,人字形大屋顶,机制红瓦覆盖,宽廊大窗,通体土黄色,也就是我们平日所说的苏式筒子楼。这虽是一处保存完整的五十年代初期的建筑,但却无处不透出一股来自延安的泥土味,它就是昔日的红校——晋冀鲁豫军区干部子弟校。

早在抗战胜利后,晋冀鲁豫军区的首脑机关进驻邯郸。邯郸虽为古城重镇,但由于中原一带常年征战,民生凋敝,当地学校所剩无几,就连本地孩童入学都十分困难,更别说部队的子女。在这种情况下,军区根据延安时期的办学经验,计划开办一所子弟学校,培养党内人才,并于1945年正式在邯郸成立了晋冀鲁豫军区干部子弟学校。

晋冀鲁豫军区后经改组,先后改编为中原野战军、第二野战军,也就是我们所常说的刘邓大军。大西南解放后,学校从河北邯郸迁至重庆,成为西南局直属机关干部子弟校。1950年10月,学校租借了私立教会学校的校舍,并改名为"西南军区直属人民小学"。成立了校董事会,贺龙任董事长,卓琳(西南第一书记邓小平的夫人)任校长,苏东(西南局政策研究室主任的夫人)任政治协理议员。1952年,学校陆续修建了两栋教学楼(原南北教学大楼)、两栋学生宿舍(即现存的五星楼)、食堂、风雨操场、运动场等教学设施,共占地六十余亩。其中部分用地为国民党元老戴季陶的陶园旧地,陪都时期,国民政府考试院曾一度设置于此,1939年因日机轰炸移至歌乐山。1955年,西南军区直属人民小学更名为今天的重庆市人民小学。

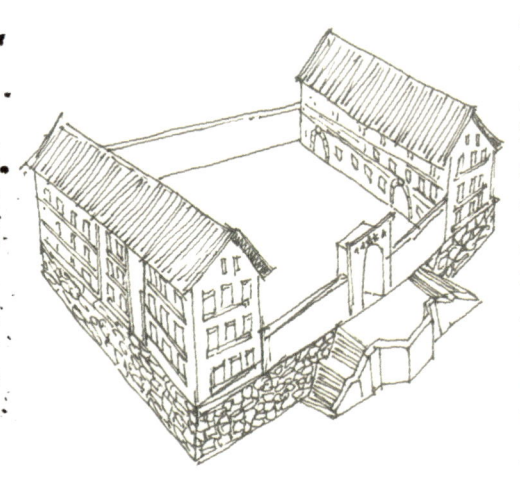

圣堂之门

西方的天主教最早由法国巴黎外方传教会自清康熙四十一年（1702年）传入重庆，距今已有三百多年的历史。传教士们不惜远渡重洋，早早地来到这座两江环抱的商埠重镇，传教布道，广播福音，相继在这里修建礼拜堂、修道院，开办医院、药房、救济院、孤儿院等慈善机构和学校。经过多年的经营，他们在这片土地上留下了一座座神秘而又精美的古老建筑。这是一个神秘的世界，也是尘嚣中少有的几片净土。它们的存在，为这座城市又多添了些许的圣洁。

若瑟堂·藤萝攀缠下的尖顶古堡

地址：渝中区民生路若瑟堂巷1号　　现状：重庆教区主教府

曾见得一幅老照片，其拍摄角度是由临江门朝观音岩方向。图中楼阙庙堂、商铺瓦舍重重叠叠，绵延不绝，此起彼伏间也分不清哪是城楼，哪是宫观，倒是数里开外的一栋尖顶高楼颇为巍峨挺拔，成了旧影的中心。如今，重庆的面貌已是今非昔比，那些绵延不绝的楼阙庙堂、商铺瓦舍早已化为了这座城市上空的粒粒粉尘，唯有那栋高楼依然屹立，只不过低矮了许多，被夹在几栋更为高大的楼宇之间。

尖顶高楼是栋名为"若瑟堂"的古老教堂，位于人车络绎的民生路。站在马路上就能从楼宇间的夹缝中看到它的身影，灰暗陈旧，曾经的峻拔也被路面的抬升给彻底剥离掉。下得堡坎石阶才能到教堂的大门前，一座青砖砌成的尖顶小门楼，黄色门额，上以碎瓷片拼出了"若瑟堂"三字。若瑟堂外墙以条石为基，上砌筑青砖，清水勾缝。券门长窗、垛堞封顶、墙面廊柱等除青砖的自然垒砌外也未作任何装饰，朴实无华。高楼掩映下的钟楼高三十余米，上开尖拱长窗，顶部垛堞交错，形如欧洲城堡。楼内置吊钟三口，大时钟一口，每当正点，悠扬的钟声便会在这座浮躁的城市上空响起。老楼的藤萝，从墙根砖缝中生出，互相攀缠，层层叠叠，密不见隙，就连那些哥特式的尖顶也多半没于藤蔓枝叶之中。

自鸦片战争后，各种条约纷纷签署，洋人从割地通商，到最后也可以在各省租买田地，自行修建教堂。但没过多少年，全国各地教案频发。深居内陆的成都、重庆等地是教案发生的重灾区，多处教会机构和教徒住宅商铺遭劫毁。为平息此次风波，重庆知府与天主教会达成协议，在方家什字旁（即今重庆宾馆一带）购地修建天主教堂，因奉大圣约瑟做主保，故得名"若瑟堂"。光绪十二年（1886年），重庆再发教案，城内及周边的各国教堂、诊所、洋房被悉数捣毁。光绪十九年（1893年），法籍主教舒福隆在原若瑟堂旧基上重筑了新堂。1917年，法国神父孟东在原天主堂基础上增建了那座高达三十余米的大钟楼。1946年，法籍主教尚惟善再度发起募捐修缮若瑟堂。此次大修耗资巨大，修缮后的天主教堂占地一千七百平方米，可容纳千余人同时在此做礼拜，为重庆和川东地区最大的天主教堂。

185

仁爱堂·荒垣废墟间的法国教区

地址：渝中区山城巷80、82号　　现状：重庆天主教仁爱敬老院

沿着领事巷下行，即山城巷，巷的外侧是古时的金汤门，如今还保留有一小段城垣遗迹。小巷与城垣间是片杂树荒草丛生的坡地，步入其间，一道残损的石门，一座去了顶的圆塔，一栋饰满卷草舒花的西式老楼。所有的纹饰色泽都来自一个地方——法兰西。

早在百年前，这一带有个名叫"二仙庵"的老道观，还有一个名为"体心堂"的慈善堂。体心堂专门收养那些弃婴、孤老，以及一些无力自养的残疾男女，并兼办济米施药、施棺赈灾等善事。1900年，法国人购得此方土地，建立领事馆，并同时开办了仁爱堂、仁爱堂医院，以及修道院。抗战时期，日寇飞机对战时首都重庆进行战略性空袭，造成大量无辜平民伤亡，仁爱堂便成了当时救死扶伤的避难所。1941年6月5日晚9时许，疯狂的日机在重庆上空进行了长达五个小时的疲劳式轰炸，其间，位于较场口的防空洞内因难民人数太多，数千人窒息身亡，造成了骇人听闻的"大隧道惨案"。幸存者中，很多都被送至仁爱堂医院进行救治。1944年，仁爱堂医院更名为"陪都中医院"。解放后，仁爱堂医院及仁爱高级护士学校为政府所接管。再后来更名为重庆市第一中医院，以及重庆市中医学校。山城巷拐角处的石梯旁，仍保留着当年中医学校的石砌老门楼，上存匾额"四川省重庆市中医学校门诊部"。

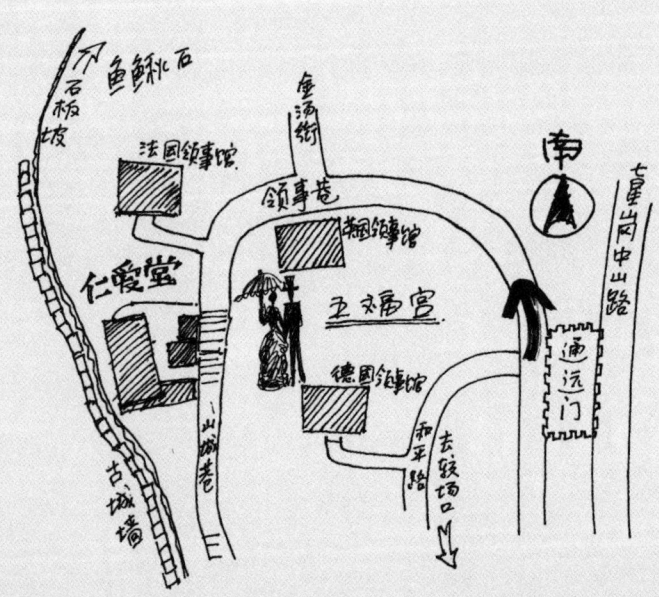

壁柱上雕饰着极为精致的帷帘图案，帷帘层层叠折，其褶皱卷曲处丝毫毕现，自然生动。帷的正中垂悬着饰物，精雕细琢，仿佛微风拂动过的美妙也一并雕入了其中……

仁爱堂旧址就藏于这老门楼内，绕过围墙，面前的废墟生满了杂草杂树，就在这片萧瑟之中，立着一栋同样萧瑟的圆塔。圆塔残存两层，蓝灰的圆壁上嵌着象牙白的罗马柱头，显得很是雅致。拱券形的门洞多被丛生的杂树所掩盖，隐约露出黝黑的洞口。二楼的石质栏杆呈宝瓶状，券窗中还保存着当年的菱形格子窗扇。可惜久经风雨，塔楼的顶部早已坍塌，唯留下残缺的宝瓶石栏。塔楼表面涂着一层蓝灰色，柱头、窗沿、栏杆等凸起处则描以象牙白，两个色彩的搭配显得十分优雅而浪漫。塔楼旁侧矗立着一栋三层高的西式大楼，像是旧时的门诊大楼或护士学校。大楼曾被人为拆除过，不知出于何因，工程进到一半时便停了工，遗下半壁的花柱券窗，无人打理。

山城巷80号院是某单位的宿舍，另一栋洋楼就藏匿其中。洋楼呈四方形，大门和一楼的券廊都被灰砖水泥封得死死的。好在二楼券廊上的宝瓶栏杆和柱头雕花依然保存完好。壁柱上雕饰着极为精致的帷帘图案，帷帘层层叠折，其褶皱卷曲处纤毫毕现，自然生动。帷帘正中垂悬着饰物，精雕细琢，仿佛微风拂动过的美妙也一并雕入了其中……

仁爱堂自关闭数十年后，又重新恢复了宗教活动。只不过老堂旧址早已为中医院、中医学校所占，仁爱堂只得紧靠着老堂山墙另建新堂。新堂自是出自今人的美学观，肉色瓷砖贴面的大门，白色瓷砖贴面的山花、红色瓷砖贴面的十字架，以及黄铜皮敲出的"仁爱堂"三个大字。

仁爱堂医院

慈母山大修院·修士们的隐修净地

地址：南岸区鸡冠石下窑43号　　现状：教堂及教区培训中心

　　旧时文人开书院设讲堂，都喜在城郊山野中寻方幽地。这样一来可免受尘嚣俗事的烦扰，潜心问学；二来也可时时与这山间万灵为伍，所讲所学自然也就多了几分天地间的洒脱，少了些许浊世的世俗气。中国的名士如此，西方的教士也同样如此。

　　清宣统三年（1911年），法国天主教川东教区副主教纳慈宣十分地辛劳，他将重庆城廓郊野的大小石岗山丘都跑了个遍，就为寻得一个清幽地，开办大修院。后经多次勘察，终在南岸观音山麓寻到个理想的地界，作为大修院的院址。重庆南岸的南山峰峦叠嶂，沿江列峙，绵延二十里，犹如一道护卫山城的绿色屏障。而南山北端的观音山林深叶茂，松香盈鼻，环境十分的清幽。山下又是大江环抱，沃野千亩，为一方难得的隐修净土。经过两年的修建，大修院终于1913年落成，并于次年开始招收修士。若瑟堂为其命名"慈母山大修院"。在天主教中，修院分为大、中、小三级修院，其中大修院是专门培养神父的学校，入院后将研习文学、哲学、神学、天文等课程，毕业后即可成为耶稣会士。1930年，重庆忠县中修院迁来慈母山。1941年巴县接龙水鸭凼的小修院也迁来慈母山，后中小修院合并，称"慈母山培德中修院"。在过去的三十多年间，慈母山修院共招收修生三百五十余人，其中蒙天主圣召，荣晋铎品者八十余位。1939年夏，蒋委员长偕夫人宋美龄来到慈母山修院，不禁赞道："真福地也。"

被焚毁后的修院遗迹

大修院很空旷，也很安静，阳光从拱形走廊斜射到青砖的墙上，在深远的廊道里印出光阴的影像，我们就在这样的阳光指引下细细品味。修院为罗马式建筑风格，三合院布局，坐南朝北，占地约八十亩，其中建筑面积达三千多平方米，共计大小房屋八十余间。其中圣堂是整个大修院的中心，乃宣道、讲经、举行弥撒圣祭的场所。主体建筑高约十八米，分上下两层，墙面保留了青砖原本的材质，没有任何修饰。外立面是简洁的欧式风格，少了哥特式教堂的烦琐。右侧，循曲径而去，可去圣母亭，亭上由右自左书有"我乃始孕之无占者"八个大字，是著名书法家罗公报神父的真迹。院内林木森然，郁郁苍苍，花园中植有六株高两丈有余的伊拉克枣树，为重庆市仅存的珍稀树种。

　　在大修院左侧有片废墟，一排排上下两层的连续拱券，犹如古罗马的斗兽场，颇为壮观。这些依旧透出昔日华美的断壁残垣过去也曾是修院的一部分。自解放后，佛、道、回、天主、基督等所有宗教场所都纷纷关闭，所有的修行者也遣返回乡，或入工厂农场自食其力。慈母山大修院也没有闲着，人们在院内办了个"新生奶场"，专为市乳品公司的南岸奶场以及附近公社奶场提供鲜奶。哪料想1978年奶场突发大火，修院部分建筑被焚毁。事后，奶场停办，大修院旧址转租给轮渡公司技校使用，直到1988年才由天主教爱国会收回。劫后余生的断壁残垣，后来再没有人去修缮它，任它长满杂草，静静地显示着残缺之美，没有怨恨，只有宽恕。

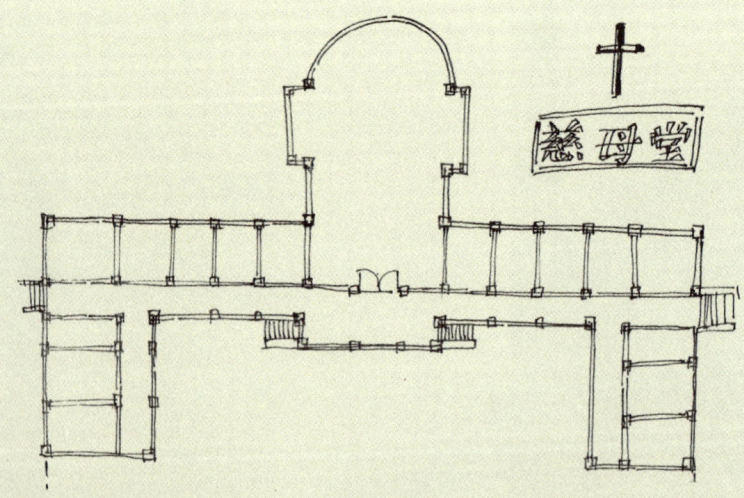

二十世纪七十年代,慈母山大修院突发大火,部分建筑被焚,劫后余生的它再没有去修缮之后,人们再没有去修缮之美,任其生满残缺之美,静静地显示着残缺之美,没有怨恨,只有宽恕。

仁济医院·百年老院，沧桑逝

地址：南岸区玄坛庙　　现状：后为重庆第五人民医院，现已拆除

数年前，一位加拿大的老太太在其家人的陪同下来到重庆第五人民医院。她不远万里来到重庆，就为寻找一份曾经的记忆，一张六十多年前的出生证明。在医院工作人员的协助下，终于找到那张记录着老太太出生年月和名字的泛黄小卡片，上面写着"PaMeiMei（巴妹妹），1947.10.6"。巴妹妹出生的医院今名第五人民医院，而其前身却是间名为"仁济"的教会医院，巴妹妹的父亲正是医院中的一名牧师。

仁济一名，较为耳熟，如上海仁济、香港仁济、沈阳仁济等。若再把那些更了名号的，或是消失了的再整理出来，那就更多了。如成都仁济、重庆仁济、汉口仁济、武昌仁济……

早在西人来华传播福音之初，就发现当地许多民众身患疾病，却因贫穷而无钱医治。于是便向教会致信，请求派遣擅医者来协助传教工作。英国基督教伦敦会是较早进入中国布道的基督教会，凡伦敦会布道的城市，都开有一间名为"仁济"的西医院，其中许多都是这座城市，乃至这一地区的第一家西医院。如上海仁济医院，如成都仁济医院，再如重庆的这间仁济医院。

清光绪二十二年（1896年），英国伦敦布道会医师樊立德抵达重庆，在城内木牌坊（今民族路）租下民房，开了间西医诊所，为附近民众免费医治。后由教会出资买下土地，开办了重庆的第一家西医院仁济医院。医院最初设内科、外科、产科，置病床四十张，后陆续增至八十五张。1934年，教会在南岸区玄坛庙购下大片荒地，修建仁济总院，总院设床位一百张，可收治内、外、妇、儿、五官、皮肤、性病等科病人。重庆大轰炸期间，仁济医院被陪都空袭救护委员会定为重庆第五重伤医院，专门收治主城区和南岸一带的伤员。由于伤员太多，已有床位完全不能满足患者的需求，医院遂将三层的医师大楼增至四层，后又新建一栋五层楼房，专门收治肺病病人，使全院床位增至二百三十四张。解放后，仁济医院更名为重庆第五人民医院，直到上世纪六十年代，它都是重庆最好的医院之一。

如今的仁济医院仍保存着旧时的医院大楼、医师大楼，以及三栋旧时的小别墅。医院为加拿大建筑师规划设计，其大楼平面布局呈L形，高三层，体量较为庞大。屋顶造型采用中国式的坡屋顶，顶上置阁楼，一间并着一间，高低错落，在大屋顶上有序地排列着。据说医院的每间病房过去都辟有一个弧型小露台，还嵌着漂亮的铁花栏杆，现都无了踪影。

第五人民医院后兴建了新的住院大楼，老住院楼逐渐失去了其原有的功能。在中国，对于这些失去使用或居住功能的老楼，其命运几乎是可以预见的，无论你是否与文物沾边。2009年，重庆第一家西医院，代表重庆最高医疗水平的仁济医院终在今人的几番折腾下，化作一片瓦砾，又成了开发商人们脚下的一片沃土。

2009年，
重庆第一家西医院，
代表重庆最高医疗水平的仁济医院，
终在今人的几番折腾下，
化作一片瓦砾，
又成了开发商人们脚下的一片沃土。

德肋撒堂·江北废墟间的圣女堂

地址：江北城米亭子13号　　现状：现已拆除，迁建

　　未来的江北城将是极具现代色彩的CBD中央商务区，大剧院、科技馆、中央公园……我们的目标就是"国际"。规划、设计、材料、工艺、设施，国际怎么来，我们就怎么来。与国际接轨是我们未来十年里工作目标的重中之重。虽说我们本身已距离国际越来越遥远。

　　在这一规划蓝图下，古老的江北城成了一个巨大的拆迁工地，老街、僻巷、古宅、商铺、码头、洋楼、城垣、门楼，所有的旧时遗构自不符合CBD的规划设计理念，那是国际的、现代的、简约的，怎能容下你等老旧的货色。可留可不留的，一律不留，非留不可的，统统移走。德肋撒堂算是幸运的，她被归入了异地重建。覆巢之下，安有完卵？

　　德肋撒堂前身始建于清咸丰五年（1855年），由法籍神父李方济购得民宅修建。1863年、1886年，重庆先后爆发两次教案，重庆城廓四郊的礼拜堂、西医院、洋学堂被悉数砸毁，江北的这座小教堂也未能幸免。光绪七年（1881年），教士们再度重筑了新堂。1927年，重庆教区法籍主教尚维善发出通令，号召教友捐资修建德肋撒教堂，通令称"在此战争频仍之际，祸乱相循之秋，地方糜烂，人民颠连，无日不在水深火热之中，南北各省人民蒙祸既甚，当此多难之秋，本主教不分中外，同舟共济，遂将川东教会，暨众教友皆托于圣女婴孩耶稣德肋撒，永远护佑，并许愿在江北城内，建筑一座圣堂，奉圣女为主保，以作报恩纪念。为此，通令各本堂神父，劝勉所属教友等，量力捐资，建立此堂，以报圣女恩。"在教友信众的踊跃捐助下，德肋撒堂很快于次年落成。

教堂所奉圣女德肋撒，其实是位去
世仅三十年的法国女孩。

大拆迁的江北工地,刚刚剥离出来的德肋撒堂,立在一片死寂的废墟中,清晰的剪影贴着灰色的天空,显得尤为孤寂和萧瑟。

德肋撒本名玛尔定·玛丽·方济各德兰,又名圣女小德兰。小德兰15岁时就进入圣衣隐修会修道,改名婴孩耶稣德肋撒。1897年,德肋撒去世,年仅24岁。她的自传《灵心小史》于1897年出版后成为世界名著,深为不少天主教徒推崇。1923年,德肋撒立为真福。1925年,列入圣人。1926年被封全世界的传教主保。也就在德肋撒被封为传教主保的第三年,远在西南边隅的重庆城便立起了这座德肋撒天主堂。解放后,德肋撒堂被停止传教,堂址划给了江北汽车配件厂长期使用,直到上世纪八十年代才还归教会,恢复了正常的宗教活动。

在大拆迁的工地上,德肋撒教堂终于从大堆危房中剥离了出来,使人得以见到完整的德肋撒教堂。教堂立在一片死寂的废墟上,清晰的剪影贴在灰色的天空中,显得尤为孤寂和萧瑟。德肋撒堂的造型系民国时期较为流行的一种制式,山字墙,拱券窗,青砖砌筑,上置一座小钟楼。虽没有哥特式的巍峨峻拔,也没有古典式的繁复雕花,但凭借其简朴的造型、厚重的色泽成为江北城里一道独特的风景。门口一位78岁的老人引着我们通过琴楼进入经堂。光线从两边的高窗上斜拉下来,很是柔和。时间使得经堂白色的墙面有些发灰陈旧,但反倒透出几分亲切的沧桑感。堂内办有一所敬老院,老人都是附近的教友。他们以此为家,除了日常的起居饮食,大部分时间都聚在经堂里念经祷告,以安度晚年。

2005年8月13日,德肋撒教堂迎来了一场盛会,数百名信徒齐聚堂前,参加德肋撒堂举办的最后一次教会活动——德肋撒堂的搬迁仪式。不久之后,老堂将拆除后迁建至数百米外的新址,而旧址上将兴建这座城市新的标志性建筑——重庆大剧院。

净手的容器

德肋撒教堂

老堂最后的弥撒

重庆开埠

得地势水利之优,重庆历来为长江上游重要的物资集散地。多少年来,滚滚的江水带着西南各省的山货土产顺流而下,苏广的布匹棉纱、日用杂货则伴着铿锵有力的川江号子溯江而上汇集于此。正是这些在险恶中讨生存的商贩船工,造就了这座重山恶水间生出的城市。十九世纪末,西人的自由贸易也随着一份份条约的签订深入到这座内陆山城。开埠通商,对于"开埠"一说,长期以来都与"掠夺"、"倾销"二词合用,洋人买东西叫"掠夺",洋人卖东西叫"倾销"。我们且不管西人从这里赚去了多少银两,但山城的商民百姓确是从中获利颇丰。

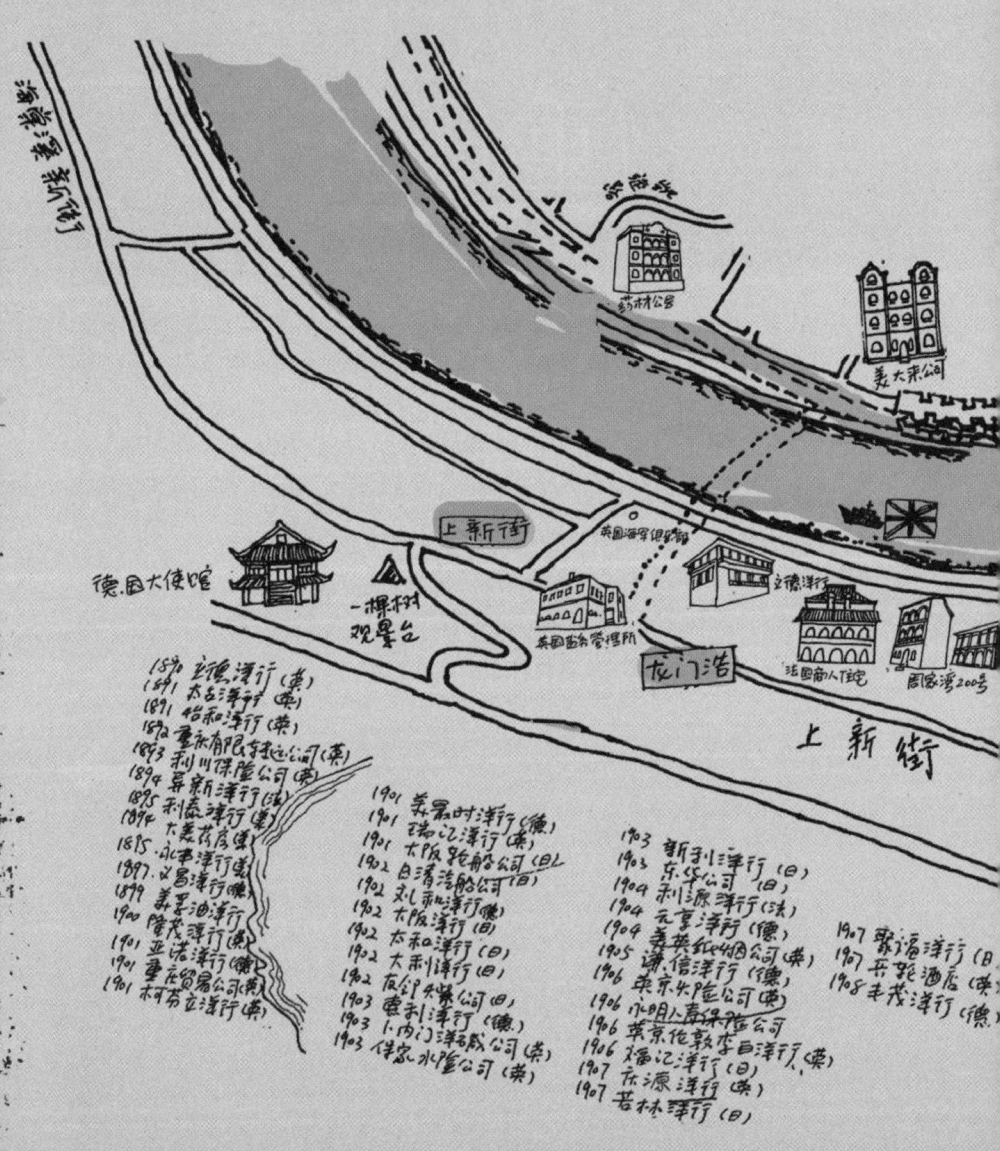

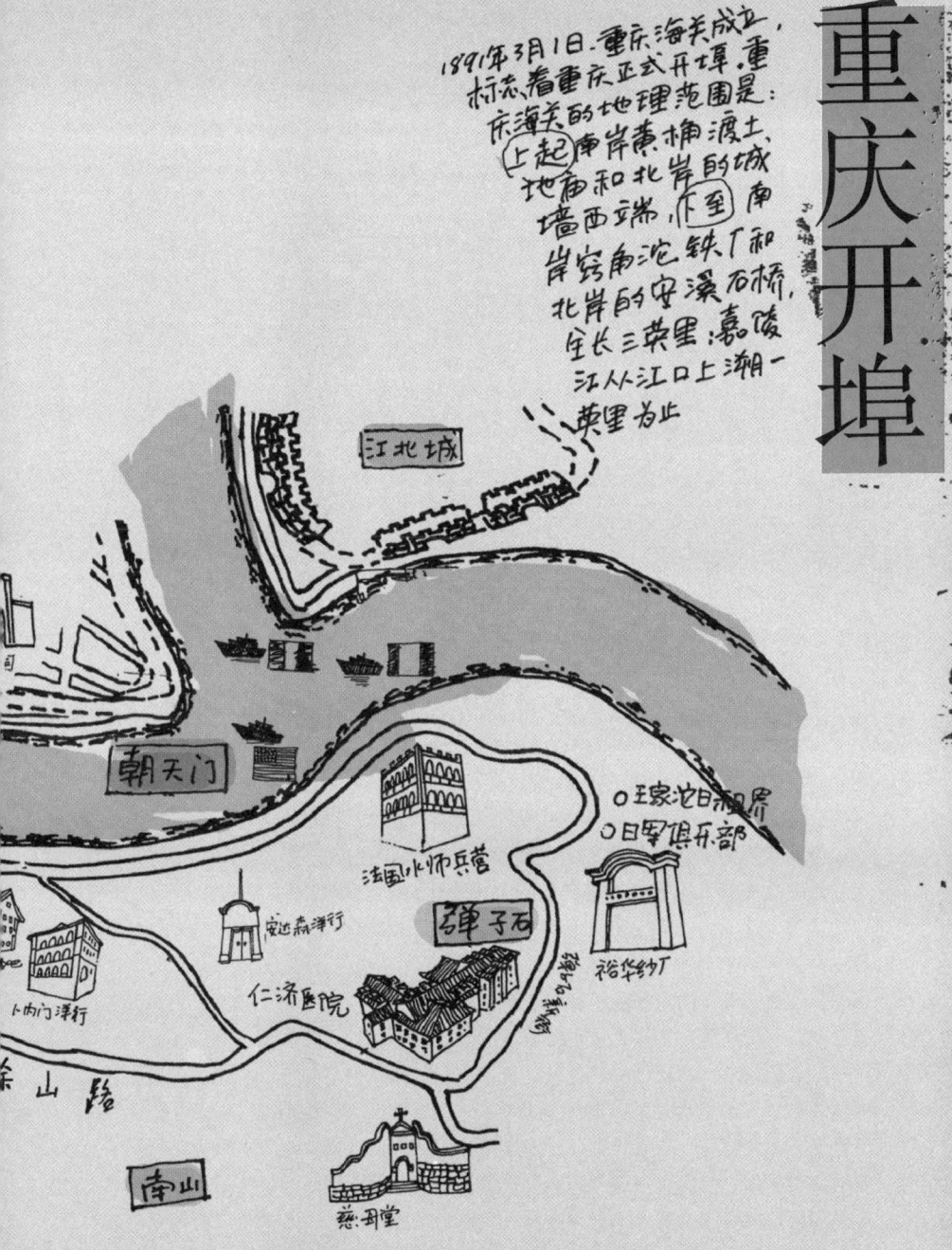

海关巷·万里长江第一关

地址：渝中区解放东路海关巷　　现状：存海关监督公署旧址

海关巷，太平门内一条幽深的巷子，石梯盘曲，老屋绵亘，重庆老城诸多僻陋街巷中的一条。现在看来，老巷显得很是陈旧，甚至有些破败，巷中住户也多是怨声载道，满肚子的牢骚和不满。然而在上世纪四十年代以前，这里却是一片官家的派头，是城区最繁华的商业街区，与相邻的邮局巷同因海关、邮局两大新兴机构的入驻而得名。巷间及其周边的住户也多是那些在海关、银行、邮局、航运公司等新兴行业供职的职员。其间一栋开着八字山门的青砖楼屋，正是早年重庆海关在城内的机构——海关监督公署。

早在1861年，一批外国冒险家便乘船入川，行至奉节而止，沿途搜集水流险滩和航行资料，以随时准备轮船再度入川。1890年3月31日，清政府与英国签订《烟台条约续增专条》，重庆辟为通商口岸。1891年3月1日，被称为"长江上游第一关"的重庆海关正式设立，也就是说重庆成为中国西部第一个开埠通商的城市。

重庆海关分设内外两关。外关设在南岸，并于次年买下玄坛庙一带约二十亩荒地，修建海关办公用房，设囤船验关站，今仍存有一方刻有"重庆关，税务司"等字样的界碑石。另在弹子石王家沱设卡子房，在唐家沱设分卡。管理长江三英里、嘉陵江一英里的川江航段。英国人霍伯森出任首任税务司（即关长）。海关设立之初，一切从简，工作人员也仅有区区十余人，包括六位供事，一位文案，一位司书，五位录事，两位稽查，以及一位在邮局包裹房供事的人员。海关内设有气象观测站，以观察监测风向、温度、降水等气象信息，但都因缺乏专业的气象人员，所有观测都由其他行政人员兼任。多年后，因关务发展需要，重庆海关陆续增设巡江司、理船厅，专门负责航务、救助、关务等事务的管理。自重庆海关设立后的三十余年间，共有二十多人出任重庆海关关长，其中英国人占了一半以上，其他还有法国人、德国人、丹麦人、西班牙人、挪威人等。各级帮办约五十人，其中外籍就多达四十七人。因此在1926年以前，重庆海关实际上完全由西方人所控制。

百年前，近代海关、近代邮政先后进驻到这座边地山城，于是诞生了海关巷、邮局巷，这两条在当时看来颇为新潮的街巷名。百年后，除了巷中住户，几乎难见外人踏入这片即将被拆除的破落地。

设立海关的同时，税务司还在城内设立了一个海关监督公署，即内关，一个起督促和监察作用的制衡机构。公署初设址朝天门附近，租下糖帮公所的一栋小楼作为办公场所。1905年迁至太平门顺城街，即今海关巷。海关监督一职由川东道台兼任，首任监督张华奎。说是监督，但实为虚职，洋大人哪能事事听命于华人，因此重庆海关的行政管理和关税征收等事物皆由外国人独操独办，历届海关监督均少有干涉。

虽然说重庆的海关几乎为洋人所掌控，但自打开埠以后，重庆的工商业、金融业、航运业等诸多领域均得到了极大的发展，盛极一时。内地的猪鬃、生丝、白蜡、蔗糖等货物出口量大增，仅山货一类就由原来的单一品种增加至数十个品种。山货业甚至从早先的药材行脱离出来，自成一行。洋纱、棉布、呢绒、金属、煤油、西药、玻璃制品等大批洋货舶来品则源源不断从上海、汉口等地输入重庆。行业间分工愈加细化，衍生出大量新的行会行帮，以及交电、五金、化工等新兴行业。仅棉纱业和绸缎业，就集中了行帮公会两百余家。自重庆开埠后，传统的票号业日渐衰落，步入颓势，而钱庄很快兴盛起来，短短数年间，创办大小钱庄五十余家。1914年，四川第一家私营银行"聚兴诚银行"在重庆创立。

百年前，近代海关、近代邮政进驻到这座边地山城，于是诞生了海关巷、邮局巷这两条在当时看来颇为新潮的街巷名。百年后，除了巷中住户，几乎难见外人踏入这片即将被拆除的破落地。

海关监督公署旧址

海关监督公署二门　　　　　　公署内景

领事巷·陡坡峭崖，西人的栖息地

人说清廷官吏腐朽，个个奴才相，其实不然，这些经科举大比上来的知州知府哪位不是饱学诗书、善辨是非的人物。但是面对已成定局的事实，他们又能何为？他们唯一能做的仅仅就是照章办事，地照给，土照拨。什么荒废了千百年的烂泥地、夜夜鬼影乱窜的野坟场。凡是他们认为不毛的烂地都一一拨给了洋大人。未曾料，西人凶猛，一片片烂地也被他们捣鼓成了繁华大都市，如汉口、如上海、如香港……

重庆的知府为洋人租地一事也犯了难，挑来选去，终将金汤门山崖间的一片荒地给了洋人。金汤门地处城西，山崖峭立，说是门，实为一道闭门，门外甚至连道路都未有一条。若说防御，自是易守难攻，固若金汤。但若经商通行，那估计要等到下一世的沧海桑田了。直到今天，这一带的交通仍极为不便，唯靠双腿才能出行，好在洋大人也想得开，图个清静，也好时时锻炼身体。

金汤门内的领事巷就是当年重庆知府拨给外国人的地盘。先是英国人，再是法国人、日本人、美国人、德国人，各国领事纷纷来此，设立领事馆。一座座洋教堂、洋官邸、洋医院、洋学校相继落成，一个个黄头发、蓝眼睛的外国人从这里进进出出，使得这条街巷与其他街肆比起来，"洋盘"许多。

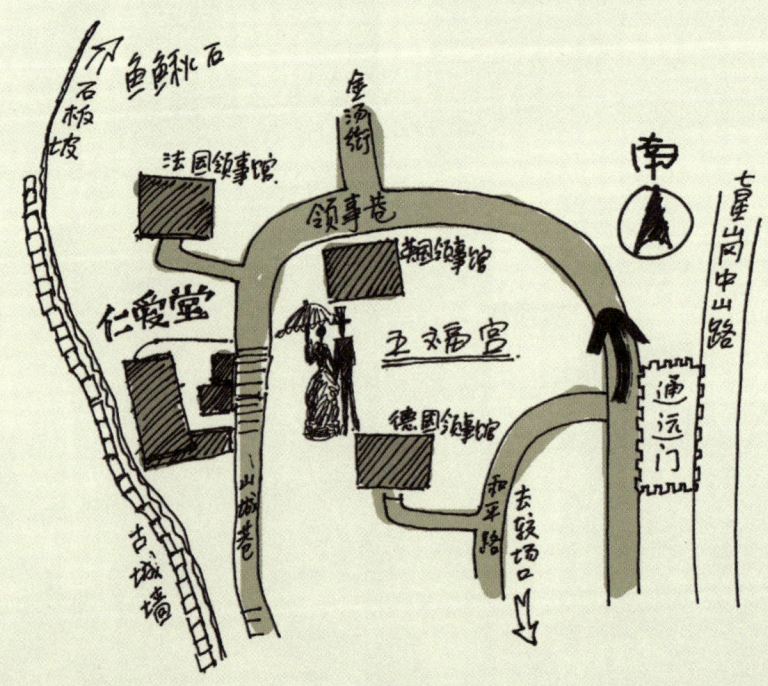

法国领事馆

英国领事馆　　　地址：渝中区领事巷15号　　　现状：市物资公司办公楼及宿舍

早在1890年，英国人便在重庆方家什字（今重庆宾馆）设立了领事馆。1900年移至领事巷。抗战爆发后，国民政府迁都重庆，英国新任驻华大使阿希尔德·克拉克卡尔爵士偕夫人及随行人员由汉口飞抵重庆，将原英国领事馆更为英国驻华大使馆。由于位于主城区，领事巷惨遭日军空袭，英国大使馆也在空袭中被日机炸毁。1939年，英国人把大使馆迁移至人稀地偏的重庆南郊文峰乡新力村一带。

英国领事馆老馆址现属重庆市物资局，其正立面经过整修，已焕然一新，鲜亮的墙面，耀目的铝合金门窗……好在国人做事好面子，街面的文章定是做足，不临街的内院内巷自是懒得理会，于是为我们留下了尚保有原貌的英国领事馆，一栋一楼一底、设有宽大券廊的西洋式建筑。

法国领事馆　　　地址：渝中区领事巷　　　现状：废弃

继英国之后，法国于1896年3月在重庆设立领事馆。1900年，法国人购得金汤门内的二仙庵旧地修建领事馆官邸，并同时兴建仁爱堂、仁爱堂医院，以及修道院。现存领事馆、仁爱堂等部分遗迹。（详见圣堂之门仁爱堂）

德国领事馆　　　地址：渝中区火药局街区府大院内　　　现状：渝中区区府办公楼

二十世纪初，德国紧随英、法、日、美等国在重庆设立了领事馆。馆址位于毗邻领事巷的火药局街，与英国领事馆、法国领事馆等互为邻里。德国领事馆大楼为一楼一底的砖木混合建筑，底层连续拱券檐廊，高大轩敞。因日寇入侵，德国驻华大使馆随国民政府西迁重庆，德国驻渝领事馆事务随即移交给大使馆。后为躲避日机轰炸，德国大使馆租用下德国医生保罗位于南山上的别墅，改建为大使馆。

英国领事馆

英国领事馆

德国领事馆

德国领事馆

法国领事馆·陋巷间的法兰西风情

地址：渝中区凤凰台街35号　　现状：重庆西渝化工有限公司及重庆市塑料行业协会所在地

各国列强中，法国人总是紧随英国人之后。这不，自英国人于1890年在重庆设立领事馆后，法国也于1896年3月在重庆设立领事馆，管辖四川、贵州、甘肃、新疆、青海、西藏诸省的事务。原驻汉口副领事哈士为重庆首任领事。

关于法国领事馆旧址为何地，说法颇多。一说在领事巷，一说在凤凰台，一说在南山，还有一说在南岸的法国水师兵营。领事巷一说有据可依。1900年，法国人购得金汤门内的二仙庵（领事巷旁）旧地修建领事馆官邸，还同时兴建了仁爱堂、仁爱堂医院，以及修道院等设施，至今尚有迹可寻。水师兵营据说是入民国后改作领事馆官邸的，抗战期间更为了法国大使馆。南山更是可能，日机轰炸重庆时，英、德、美、苏等国大使馆都纷纷迁入了南山密间林，以躲避空袭。凤凰台一说未见多少文字记录，但旧迹上所镶嵌的文物保护单位的铭牌明白写着"法国领事馆旧址"。再说，这处旧址也是整个重庆城规模体量最为庞大的一栋西洋式建筑。

凤凰台为下半城的一条老街，位于南纪、金紫二门之间，因古时有两只五彩异鸟翔集于珊瑚坝，比翼齐飞，时人认为此乃凤凰栖息，为瑞相，于是起筑高台，取名"凤凰台"。后明人戴鼎在此依崖修筑城垣，设置城门，便沿袭了此名。凤凰台南起凤凰门，北接厚池街，一直以来商贸往来还算繁盛，古有"凤凰台，川道拐，牛羊成群"一说。邻近的南纪门一带自古就是老重庆的菜市、牛羊市，城里人的菜篮子、肉墩子。直到今天，厚池街还有重庆城最为丰富的农贸集市。而当年的法国领事馆就曾一度藏匿在这片喧嚣之中。

初见领事馆大楼颇为失望，虽说也是拱券回廊、空间高敞的西洋式高楼，但立面的壁柱、券廊等都贴上了不同明度的褐色马赛克，不伦不类，让人哭笑不得。好在今人做事往往都是看头不看尾，顾头不顾腚，故大楼的两侧、内部都还未能涉及，保留了原样。领事馆大楼高四层，每层外置回廊，形成十五道连续的拱券。在重庆大小洋楼中，它无疑称得上是最为气派的一栋。与其外观相较，领事馆的入户大门反倒显得与之不匹配，小门小户，楣上雕饰也显得小家子气。楼内的房门虽说依的都是西法，但每扇门的上方都镶有一块中式的木雕构件，或为山水，或为花鸟，各不相同。壁炉是昔日每一房间必有的设置，后来换了主人，西方资产阶级情调的各式壁炉也一一被封堵起来，改成了壁柜，进行二次利用。

如今的法国领事馆旧址驻有一家化工公司，以及一个塑料行业协会，除了部分用作办公室外，其余大部分都属于闲置状态，偶有几家小广告公司租下几间屋来，从事些简单的广告横幅制作。宽大的回廊正好作为他们制作的场地，且宽又长，可同时进行好几条横幅的制作。原本通透的拱券回廊也被刚刚制作完毕的条幅封得严严实实。

法国领事馆

斑驳的墙面

房间内的壁炉皆已封堵，更作了它用

置有连续拱券的回廊

宽大的回廊正好作为广告横幅的制作场地，且宽又长，可同时进行好几条横幅的制作。

法国水师兵营·欧式古堡，五彩花牌楼

地址：南岸区弹子石千秦巷142号　　现状：南滨路上的餐饮场所

诸国中，英人总是充当急先锋的角色，率先来到重庆抢滩占位，设立领事馆。随后，法、日、美、德等国纷纷相继而至，与中国签订条约，在重庆设立外事机构。南岸的优越地理位置使其成为西人首选的居留区，仅在南岸龙门浩至窍角沱沿江一线设立的海关、兵营、洋行等机构就多达二十余处。从此以后，重庆的江面上触目可见外国的商船、军舰，舶来的西洋品也随即潮水般地涌入了重庆城。

自重庆开埠后，法国获得了在四川诸多资源的开采权，如煤矿和铁矿。1902年，法国又取得了在重庆等地五十年的石油开采权。为将这些资源运出重庆，法国海军军官虎尔斯特率领测量队搭乘法国军舰驶入川江，首次对川江险滩进行科学测量，为日后大型货船通航提供依据。

就在同年，法国远东舰队司令波特尔下令在重庆修建水师兵营，作为法兰西帝国在川江的控制站和物资补给站，以保障法国商船在川江航道上的行驶安全。兵营由印度支那总督杜梅尔捐款十万法郎，法国炮艇"奥利"号船长休斯特·南希主持建造，时称"奥当军营"。　水师兵营位于南岸弹子石的江边，临江而立，一栋外廊式的欧洲城堡。兵营建在一座高高的石基上，一坡长梯通向它的兵营大门。过去洋人进入中国，无论传教、行医，还是办学，由于东西方文化上的极大差异，屡遭当地民众排斥，暴力事件频发。后为避免与当地民众发生冲突，西方的官员、教士、商人都爱采用一种"怀柔"的政策，尽量接近当地的审美和习惯，以营造一种亲近感，拉近与当地百姓的距离。因此在中国的许多礼拜堂、洋学堂、西医院都是

南滨路上的这栋建筑，初为法国水师兵营，继而作为法国驻华大使馆，后再更为阿尔及尔大使馆，解放后长期作为粮油机械厂使用。现改造成一家装饰典雅的主题餐厅。

雕梁画栋，翼角高翘。这法国炮艇船长在建兵营时估计也有这个意思，完全用中国人建牌楼的方法造了他们的兵营大门。朱红门柱，三檐歇山顶，龙、鳌鱼、喜鹊等中国的祥瑞都一一塑在了牌楼的脊饰和檐枋上，再逐一描红画绿，整个一个中国式的喜气洋洋。当然在最主要的位置还是没忘记放上他们的水师标记大铁锚，以及"大法国水军师"的匾额。

水师兵营是一栋带有内庭的围合式建筑，建筑占地约一千六百平方米。"七七事变"后，法国驻华大使馆随国民政府西迁重庆，初设馆址领事巷，后遭日机炸毁，遂于1941年夏迁至南岸的法国水师兵营，哪知办公室、寓所刚刚建成，又被日本人炸毁。被炸怕了的法国人只好将使馆移上了南山，借用过去法国军官在南山居住的营房。维希政府倒台后，水师兵营又归到阿尔及尔大使馆。新中国成立后，水师兵营为政府所接管，长期作为重庆粮油机械加工厂的厂房。

时间来到了2003年，房地产开发的兴起搅醒了这些封存了一个多世纪的旧时遗迹，不少遗迹在人们的惊叹声中瞬间消失，而法国水师兵营算是幸运的。因为古老纯正的欧式建筑样式，使法国水师兵营潜藏着诱人的商业价值。一度被中国民房同化了的西洋建筑，如今已整容换肤。西式的建筑，西式的餐点，伴着萨克斯的蓝调音乐，暗香浮动，觥筹交错。好一方精英人士的浪漫休闲场所。

立德乐洋行·重重艰险，首航川江

地址：南岸区上新街新码头34号　现状：闲置

对于川江航运，历来多险阻。滩多水急不说，还云遮雾罩，年年葬身江底的商船货舶数之不尽。即便拥有先进航运技术和经验的西洋人，也没人敢冒险驾轮逾越这道天险。直到国门洞开半个多世纪后，一位名叫立德乐的英国商人才驾着轮船首入川江。他所驾轮船成为驶入川江的第一艘外国轮船，而他本人也因而获得"西部中国的英国开路先锋"称号。

立德乐，英国曼彻斯特人。1859年，年仅19岁的立德乐怀揣淘金梦来到中国，先入洋行做事，后又成为雇佣军，参加了洋枪队，跟太平天国打了几年。居然就这样混了个从三品的官衔。再后来娶了上海工部局英国官员的女儿，同时还拥有了自己的立德乐洋行。按理说，立德乐可就此罢手，在十里洋场的上海滩过十分富足和舒适的日子。但他不，他是个十足的冒险家。

1883年年初，立德乐乘着木船溯长江而上，游历川江美景。沿途所经之处，其河道水文、风土民情、山货物产皆一一记于纸上，后成一书《经过扬子江三峡游记》。经过一个多月的艰辛航程，小船终于抵达了重庆。这才是他此行的目的，两岸秀美风光自可欣赏，但沿江丰富的物产，以及这条具有无限潜力的川江更是这位英国冒险家的最爱。在他看来，只要能制造出适合这条大江脾气禀性的轮船，便能驶进川江。次年，立德乐购置了一艘"彝陵"号汽轮，经营汉口到宜昌的航线，以积累资金和经验。1887年，立德乐组建川江轮船公司，并在英国量身定制"固陵"号轮船，准备开始尝试川江的航运。他在英国驻华公使的支助下，向清政府申请到了经营宜昌至重庆航线的执照。但由于沿岸官民的强烈反对，只好暂时作罢。1890年3月，重庆开埠，虽然朝廷允许重庆可作为商贸口岸，但规定十年内外轮不得驶入川江。就在这年，立德乐在陕西街创办了重庆历史上的第一家外商洋行——立德乐洋行。次年，他又租赁下南岸龙门浩地区九湾十八堡的沿江滩涂，修筑码头、厂房、货栈和别墅，创办了重庆第一家猪鬃厂。紧接着，他又相继创办了重庆第一家外资运输公司、重庆第一家外资保险公司。没有航运权的立德乐只得租用川江民船，悬英国国旗，满载猪鬃、牛羊皮、山货、洋布、洋油等货物往返于川江上。

川江

立德乐洋行

光绪二十四年（1898年），也就是立德乐初入川江十五年后，立德乐终于等到了驶入川江的机会。他亲任船长，驾驶着专为川江航运定制的轮船"利川"号离开宜昌，首航川江。官府对于此次航行颇为重视，布告沿江州县予以保护，并派出一艘炮船、一艘救生红船，沿途跟随。虽说有官船护送，沿江的船民纤工依旧不给面子，抛掷稻草杂物阻扰航行，射火箭焚烧轮船，聚众围堵等事件层出不穷。为了日后的水运一路太平，立德乐自到了万县后，凡经大城镇，必先登岸拜码头，当地的官吏袍哥舵把子龙头大爷一干人等一一敬到。懂得了规矩，余下航程自是顺利。经过二十多天的艰苦航行，3月9日清晨，"利川"号终于驶抵重庆。重庆府的官绅率彩船列队江中，张灯结彩以恭候洋轮的到来。而各国领事则组织了中外人士百余名，乘着多艘木船前往登船迎接。对于立德乐的此次冒险行为，英国国内尤为关注，《泰晤士报》曾在首航前评价道："立德乐的成功，预示着七千万人口的贸易送上门来。"立德乐的"利川"号是进入川江的第一艘外国轮船。此后，其他外轮随即接踵而至。1904年，立德乐将洋行转让给隆茂洋行经营，后来又经历了太古、平和洋行。1908年，立德乐离渝返英。

我们曾见过一张立德洋行过去的旧照。照片中的洋行建在一片高高的堡坎上，坎下铺着一条青石小径，径外荒滩野涂，一直延伸到江边。如今，立德洋行故址依旧，只不过青石小径已拓建为宽阔的水泥马路，高高的堡坎也被深深埋到了路基之下，只留下那栋孤零零的洋行老楼。立德乐洋行本是一片颇具规模的老洋行建筑群，可惜被后来的一场大火烧掉不少，现仅存石雕大门、别墅，以及一栋货栈仓库。洋行大门为中国石坊式，四柱三楹，单檐歇山顶。别墅背山面水，一楼一底，典型的中西合璧。六百多平方米的建筑上置满了西洋的券窗、壁柱、烟囱，以及中式的如意式宝顶、木构挑廊、卷草勾栏、雕花撑拱。

这位首开川江航道的英国商人，多年来始终被冠以入侵者的头衔，他收购猪鬃是"掠夺"，他运来洋纱洋布是"倾销"，毕生所赚是"不义之财"。外轮驶入川江，自会威胁到诸多行业的诸多利益。但作为朝廷的大员，地方的官绅，但凡有识之士，或许都明白一点，立德乐首航川江的成功，将意味着什么？

立德乐洋行前的石坊大门

立德乐洋行别墅

安达森洋行·百年老仓群，国宝藏身处

地址：南岸区海狮路2号　　现状：市商业储运公司南岸分公司仓库，闲置多年

初识安达森洋行，总觉得有些异样。它面临长江，依山势而建，大门、公事房、仓库、住宅等洋行建筑由下至上一层层铺排开去，高低错落。没有拱券的外廊，没有罗马的柱头，更没有那些繁复的西洋雕饰，乌瓦泥墙，远远看去，它更像是座边地的苗人山寨或古堡。洋行，是它近半个世纪在重庆的身份，但在重庆大轰炸的前夕，它却拥有另一个身份——故宫文物的秘密藏身地。

早在"九一八事变"爆发后，国民政府就开始着手故宫文物南迁计划，由于社会各界意见不一，文物迁移时间一拖再拖。直到1933年2月5日凌晨，故宫19557箱计59万件文物才分批由木板车推出了紫禁城，开始了旷日持久的"故宫文物大迁移"。经过三个多月的颠沛流离，五批文物先后运抵上海，暂存于法租界仁济医院及四川路业公司内。三年后转迁故宫博物院南京分院。哪曾想，故宫文物安身尚不足一年，"七七事变"发生，南京告急。行政院再度下令，故宫文物分三路西迁，其中北路至洛阳、西安，后落脚四川峨眉；南路至长沙，后落脚贵州安顺；中路至汉口，后西迁至宜昌、重庆、宜宾等，最后落脚乐山。就这样，近六十万件故宫文物又开始了其极为坎坷的辗转迁徙。

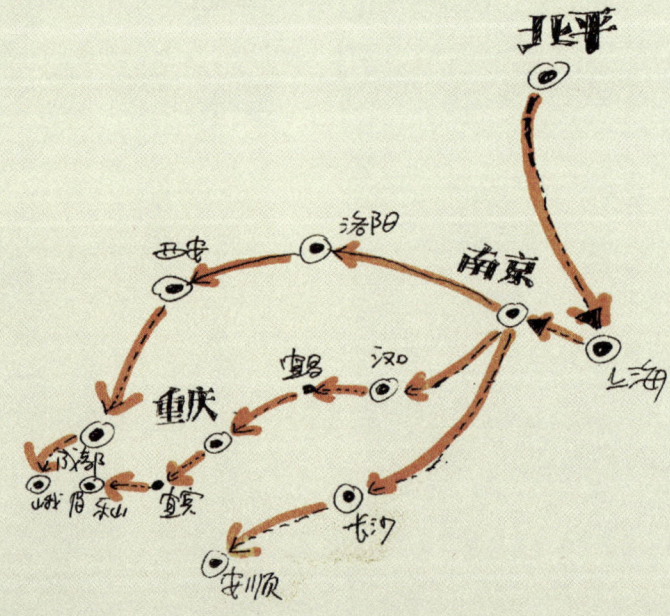

安达森洋行,
背山面江,
依着山势由下而上层层铺排开去,
乌瓦泥墙,高低错落。
远远望去,像是座边地的苗人山寨或古堡。

1938年5月22日，历时五个多月迁徙的中路文物终由汉口秘密抵达重庆。此路文物共计9338箱，多为字画。为了妥善保存这批珍贵文物，故宫博物院的工作人员对重庆各大仓库进行了反复筛选，最终确定了三处秘密存放点。一是位于打铜街的川康银行仓库，川康银行刚建成没有几年，是当时重庆最为坚固的建筑之一；二是位于南岸王家沱的吉时洋行仓库，外国人的货场，紧邻法国水师兵营；三就是位于眼前的这处安达森洋行仓库。

安达森，瑞典商人，当年他租下长江边上的大片荒滩，修建码头仓库，开办了经营山货土特产进出口贸易的安达森洋行。安达森洋行是片具有仓储式特点的洋行建筑群，大小六座仓库层层叠叠依山而筑，一坡长长的石梯把仓库货场连为一体，形如堡垒。仓库都建在高高的石基上，前置平台，以方便上下货物。仓库外墙多以砖石砌成，有些甚至还是用黄泥拌稻草敷成的土墙，十分的简陋。洋行大门为川东地区所常见的石库门造型，前植芭蕉树，十足的小家子气。倒是门的顶端插有根长达三米、缠满藤蔓绿萝的柱状物，老人说那是当年洋行的旗杆，挂的是他们瑞典的国旗。石库门东侧立有一青砖砌筑的瓦房，开有两道拱券门，看样子很像是旧时的绞车房。绞车一端连着库房，一端伸至码头，往来货物的装卸基本用不了多少人力。

七十年前，故宫博物院租下安达森洋行的四座仓库，将近四千箱文物秘密存放了进去。洋行仓库为木石结构，甚至黄泥土墙，与城中川康银行仓库相较，其坚固程度远不可及。但安达森自有安达森的优势，一是安达森洋行位于南岸洋人聚居区，多是英国人、法国人、美国人设立的码头、兵营、洋行、仓库等，稍有不慎，将会引发国际纷争。二是瑞典为中立国，日本人再怎么蛮横无理，对于国际公约还是不敢随意践踏。因此每遇日机空袭，安达森就叫工人把瑞典国旗平铺在空地上，以引起日机的注意，免遭误炸，终使这四千多箱文物安全无虞，毫发无损。

1938年12月起，日军开始对重庆进行疯狂轰炸，飞机所过之处，一片火海。为了确保故宫文物万无一失，故宫博物院决定再度迁移，最后辗转至乐山安谷乡，分藏于一座寺庙和六座祠堂中。战事结束后，颠沛流离十余年的三路故宫文物再度汇集重庆，于1947年运返南京。此次文物大迁徙前后历时十四年，辗转万余公里，但数十万件国宝却无一丢失，受损极少，在世界文物史中都堪称奇迹。

安达森洋行大门、上立旗杆

运送货物的绞车房。绞车轨直伸至江边码头

安达森洋行多是些青砖泥墙的简易仓库

当年故宫国宝藏身地

卜内门洋行·江岸古堡，化工巨子

地址：南岸区南滨路周家湾63号　　现状：存主楼及仓库，现废弃

卜内门（Brunner Mond），两个英国商人合在一起的名字，卜内（Brunner）与门（Mond）。自二人联手创业，到如今已有百余年。八十多年前，卜内门与其他英国公司合并，成立了一个ICI集团。集团发展至今日，已成为世界最著名的化工企业。而其属下的装饰漆品牌，对于我们来说也并不陌生，如多乐士、幻色家、美时丽。

卜内门为一家货通全球的老牌英商洋行，主要生产经营纯碱、染料、肥料、农药等化工产品。1898年，卜内门洋行入驻中国。1903年，进驻重庆，设立卜内门洋碱公司。1915年，他们在南岸五船路口（今周家湾）购买土地，建了卜内门洋行的办公楼和仓库。抗战爆发后，由于货源中断，卜内门洋行被迫关门撤出中国市场。百余年过去了，卜内门洋行早已成为忘却的历史，但它留下的洋行大楼及仓库依然屹立在南滨路上。

推门入内,
一坡长长的石阶,石梯很宽,
像是走入了通往神秘古堡的迎宾大道。
石门、石窗、石梯、石栏……
底层的一切都是石头的,
沉沉的,阴阴的,如同中世纪的古堡。
倒是通向二层的石梯
稍稍绽放出些许旧时的华美精巧来。

卜内门洋行建在一处高高的石基上，凭山面水，现存三层主楼和一座半弧形的老仓库。主楼底层以条石横砌，临江一面设有外廊。大门开在南立面，券门楣上凸出一方青石，上镌"1915"及一行剥落得十分严重的英文。石壁上的手书标语虽经过清洗涂抹，但其早已深入骨髓的符号感，自信而又豪迈的现场感，哪怕就遗一笔一划，或许人人都能识得，"为人民服务"。推门入内，一坡长长的石阶，石梯很宽，像是走入了通往神秘古堡的迎宾大道。石门、石窗、石梯、石栏……底层的一切都是石头的，沉沉的，阴阴的，如同中世纪的古堡。倒是通向二层的石梯稍稍绽放出些许旧时的华美精巧来。这是一段精雕细镂的石栏，工是中国的镂雕，纹是中国的莲花、宝瓶、狮子纹，将它置入这一幽森古堡中，却有着另一番韵味。青砖外墙的二层三层显然较底层轻盈了些，嘎嘎作响的柏木地板、饰满花草的壁炉、木制的百叶大窗、拱券的外廊，江风习习，汽笛声声，一切的一切，仿佛刹那间定格在了昨日。

主楼后的仓库呈半圆形，条石为基，青砖为壁。壁上开有采光通风的大窗，也置有一排仅用于透气的小孔，壁的上方还以白灰正书有"卜内门洋碱公司"七个大字。仓库的棚顶为木质构架，跨度很大，由于废弃多年，现已成了流浪猫的天堂。

卜内门洋行仓库

晨曦作响的柏木地板、
布满花草的壁炉、
木制的百叶大窗、拱券的外廊,
江风习习,汽笛声声,
一切的一切,仿佛刹那间定格在了昨日。

周家湾·昔日的洋商栖息地

地址：南岸区周家湾200号　　现状：闲置

　　南滨路的修建，唤醒了沉睡多年的南岸老街区。

　　一个多世纪前，西方的商人溯长江而上，来到重庆，在长江南岸租下沿江的大片滩涂，筑码头，建仓库，开办洋行，与当地的商帮行会做起生意来。南岸一时间成为了西人的天下，大批悬着西国国旗的货轮往返于川江，南岸也随即成为重庆港最繁忙的商贸大码头。

　　重庆对于洋人来说，无疑是中国西南，乃至西北地区的出入港。西部所盛产的棉花、生丝、桐油、药材、猪鬃、皮毛等农副土产是西方工厂所大量需求的原材料，而他们所带来的洋纱洋布洋火洋油等工业制品也是内地民众爱不释手的新鲜玩意。你来我往，各取所需，既鼓了人家洋人的腰包，也造就了无数本邦的富商巨贾。一时间，南岸沿江的狭长地带上建起了一栋栋来自异域的券廊石屋。洋人走后，沿着江滩的码头洋行逐渐被废弃，曾经洋气十足的南岸随着岁月的流逝也逐渐浮华尽散，但那些凝固着历史记忆的廊柱之间、石墙之下，仍然流露出一种饱经沧桑后的雍容与矜贵。

南岸的龙门浩原本是江边的一条长街，青石板铺就，曲曲弯弯依着山势延伸着，两旁多是二层的乌瓦商铺，一片灰灰的青黑色。下浩的周家湾为一处天然的港湾，那些外国洋轮驶抵重庆大都驻泊在这一带。西人好声色，便在岸上造了间酒吧，专供外国船员们喝酒娱乐打发时间。酒吧高三层，西式的券廊柱，中式的大屋顶。直到今天，这间百年前的老酒吧仍立在南滨路宽宽的四车道旁。

沿着石梯上行，是一栋绿荫掩映着的西式洋楼。早在半个多世纪前，南岸的山坡上处处都是这一景致。绿树葱茏间透出一小方石柱回廊、一耸尖顶阁楼。可随着后世的建设，那道景致逐渐消失，成了楼宇重重的水泥森林。自打远远望见了这栋老楼，我们就想一探其究竟，见见这庐山的真面目。老楼的大门呈八字形，石梯盘曲，山墙高耸。莲花垂门上铺设的小青瓦和精美的雕饰已不知所终，只剩下一副支离破碎的骨架。入到院内，是一排带有木构檐廊的川东民居，柱头上还残留着昔日的雕花。再上得几步石阶，便进到老宅的二门，这是一道用青砖横斜交错拼叠而成的尖顶门楼，为民国时期较为典型的一款门楼造型。内院的主楼则完全取自西法，楼高三层，上面两层置有外廊，连续三间的拱券。圆形柱头由特制的弧形青砖砌成。楼的立面线条和外廊栏杆都有异型砖花装饰，像少女衣裙上的蕾丝花边，楚楚可人。暖暖的夕阳照在老宅上，陈旧中透出一丝淡淡的贵气。

四五家住户是这里现今的主人，对于老楼的前世也说不太清楚，只知道过去是外国商人的别墅，后来又如何易主？易主何人？已是无从知晓。但对距老楼不远处的另一栋洋楼，倒很知道其身份，说是当年外国人的洋行仓库。

他们说的洋行仓库位于一片山坳里，远远望去，几乎被葱茏的林木所遮掩，仅露出灰瓦屋顶的一角。楼前的小径定是常年没人走过，铺满了枯枝败叶。老楼废弃许久，早无了住户，满地的垃圾石块。曾抹在外墙和壁柱上的灰浆多已斑驳脱落，裸出层层青砖，露出时间划过的痕迹。眼前的老楼一楼一底，并不敞阔，且远离江岸。无论其制式、规模、位置都不适合做一洋行的仓库，到更像是栋昔日的西人别墅。

远远就能望见的西洋老楼 | 八字大门
大门与二门间的木构老宅 | 住户闲适
三层三开间的西洋老楼 | 住户口中的法国洋行仓库

董家桥·市井间的没落贵族

地址：南岸上新街董家桥21号　　现状：居民住宅

南滨路上的花园餐厅、高级会所一家接着一家，江边的酒吧一条街随时打着拥堂，碰上有些暖阳的日子，那更是人满为患，没了隙地。解放碑的喧闹几乎是在一夜间蔓延至了南岸江边这条新辟的大道上。然而距其不远的董家桥山坡上，层层叠叠地挤着许多高低错落的瓦房和楼屋，杂乱而又破落，一切都像是停留在了数十年前。

青石铺就的小巷七弯八拐，忽上忽下，各个时期修建的房屋就这样高高低低沿着青石板一路铺排开去，乌瓦的，红砖的，水泥外墙的。住户们倒也闲适，不是自个儿躺在门口晒太阳，就是三五一伙打着长牌。街口处的杂货铺还是那种老式的柜台，卖的也仅仅只是满足街上邻里们的日常所需。走在这样的老街上，旧式的洋楼也时不时地探出头来，炫耀一番昔日的荣光和浮华。

董家桥

董家桥

董家桥

董家桥21号就是这样一栋深藏于老巷中的昔日洋楼，犹如市井中的没落贵族。洋楼建在一片山坳间，原本依着山势修筑，四周都是葱郁的林木，近可观山林野趣，远可眺江波帆影。可如今那些老旧的木构瓦屋占满了山坳，水泥堆砌的单元楼宇覆满了山头，近在咫尺的江景山色也只能偶尔从楼缝间窥得。老洋楼两楼一底，青砖灰瓦，高高的屋顶上伸出两间小阁楼的窗扇。尽管小楼的外廊被砖石、木板、竹篾等各种材质分隔成一间间的小厨房，前院也搭建起了棚屋，但拱券的廊柱、砖砌的檐口等昔日华美仍难以被后世的杂乱所掩盖，透露出曾经的优雅。当问起老楼的来历，门前树下几位乘凉的老人就开始你一句我一言地讲述起老楼曾经的过往。

洋楼据说建于二十世纪初，距今已有一百多年的历史了。最早的主人是位来自法国的商人，专门做进出口买卖，这栋老楼就是他当年修建的洋行别墅。后来战争爆发，他也关了重庆的生意回国去了。法国人走后，又搬来一位姓梁的国民党军官，是位旅长，他在这里住了很长时间，院子后面的那道防空洞就是梁家人挖的，用来躲避日本人的空袭。重庆解放前夕，梁旅长带着家眷细软去了台湾。梁宅后被充了公，分给了单位职工居住。就在几年前，梁家的后人还从国外回来，专程来看看他们儿时的家。也许只有这栋老屋，才能勾起他们儿时更多美好的记忆，唤醒深埋心头多年的夙愿。

老洋楼
两楼一底,青砖灰瓦。
据说建于二十世纪初,
是位法国商人修筑的洋行和别墅,
后来战事一开,
他也关了生意,回国去了。
法国人走后,一位梁姓军官成了这里新的主人。

英国盐务管理所·小丘上的孤寂老楼

地址：南岸区海棠溪港口医院内　　现状：闲置多年

盐，几千年来一直是内地一种较稀缺的资源。这几粒白色晶状体，就能让人们的生活变得有滋有味。盐的贸易一直为官府所控制，民间不得私自贩卖。几千年来，留存下来的关于盐的遗迹很多，自贡的燊海井、中坝的盐泉、仙市的老盐运码头、龚滩的盐仓、思南的周家盐号，还有那条著名的茶马古道，从生产到集散，从运输到销售，无一不在述说着关于盐的故事。在重庆的南岸，同样也有这么一栋和盐有关的古老建筑——英国盐务管理所。

盐务管理所是重庆开埠后，英国在重庆设立的一个盐务管理机构，其目的就是将上好的蜀盐源源不断地运往英吉利。英国盐务管理所位于现南岸区海棠溪港口医院内，我们寻找这百多年的洋行遗址还颇费了些周折，几经询问才来到港口医院。进入医院，并没有我们所期望看到的老建筑，在门卫的指引下，我们进入一道铁门，沿着一条小路走向幽静的山顶。山顶四周绿树成荫、鸟语花香，与山下犹如两个世界。一栋跨越了三个世纪的老房子出现在我们面前。典型的那个时期的殖民地式建筑，一楼是拱形外廊，二楼为罗马柱横梁外廊，顶层有阁楼。整栋建筑为砖木结构，外墙的抹灰已经发黄陈旧，屋顶的烟囱高高升起。

建筑的东、南、西面都设有大门。我们由西门进入建筑内部，脚踩在木制的楼板上，咚咚作响，打破了百年的沉寂，也惊起了一阵灰尘。建筑四周围着3－4米宽的廊道，阳光和凉风直接从外面拥进来，使得这古老笨重的老房子变得通透亮堂。宽大的外廊显示着当年英国商人的奢侈。落地的门窗隔着廊道和室内的空间，使房间的阳光也比较充足，百叶窗和墙上的壁炉在空旷的房间里很显眼，仿佛随时在提醒我们，这是一栋洋建筑。楼梯设在建筑狭窄的中庭，因为四周都是墙，楼道里很黑，只从半掩的门里漏进一点光线。我们在黑暗中摸索着扶手前行，手触摸到实木的扶手感觉十分的结实。仔细观看，发现做工考究，造型别致，细小之处无不显示着高雅的格调。

站在宽敞的二楼廊道上，真想有一张小圆桌，再闲坐在雕花的逍遥椅上，听着留声机里的弥漫音乐，闻着浓浓的咖啡的味道，俯视滔滔的长江，眺望江对岸的渝中半岛。这样的情调，也许发生在一个世纪以前的这所老房子里。如今，英国盐务管理所被废弃闲置多年，孤寂地立于一丘小山坡上，两个花工与之做伴。听花工讲，离港口医院不远的南岸区第二人民医院里以前也有一栋老房子，是英国盐务管理所的洋人住宅，前年被拆掉后修建起了一栋新的高楼。

英国盐务管理所

西迁，西迁

重庆原本是一座远离政治、僻处西陲的边地小城，即便西人的货轮商舶越过了三峡，驶入了川江，直抵山城下的大码头，也未能使这座城市升级为像上海、汉口等那样的国际性大都市。然而"七七事变"起，国府、各院、各部委机关、各国使馆机构、各大中学校、各工矿企业纷纷西迁，这是人类历史上最大规模的一次移民，也是最为悲情的一次大迁徙，他不仅仅是人的迁移，物资的运输，而是整个民族文化命脉的延续。于是这座原本偏居中国西南的边地小城，一夜间成了全世界家喻户晓的国际都市。

国府机构·扭转战局，迁都西进

"七七事变"之后，国人迫不得已地迎来这场力量极其悬殊的战争，拼得，唯有这一身的骨血。侵略者的意图十分明了，在飞机重炮战车等屠戮机器狂轰滥炸式的强行推进下，那些年轻的中国军人自是会从北向南，一路退守，直至大海。那是倭人的战略，就如八百年前的崖山海战，帝与嫔妃臣民一同纵身入了大海，亡了宋朝。

然而，中国的军人虽还没有制造出那般强悍的杀人机器，但他们拥有五千年华夏民族所赋予的智慧和勇气。他们主动开辟了淞沪战场，伤亡官兵三十三万人，虽代价惨重，但终扭转了侵略者由北向南推进的作战计划，转而由东向西。中国的西部，那是绝壁连连的山区险地，山峦叠嶂，险峰恶水，易守难攻。但凡入了西部，全国军民自可休养生息，以备东山再起，重拾河山。

1937年11月17日凌晨，国民政府主席林森率领千余名中央政府官员及眷属，携带中华民国印信、旗幡和重要文件，在南京下关码头登上了装甲兵船"永绥号"，起锚西上，首途重庆，从而拉开了国民政府迁都重庆的序幕。林森抵渝后，国民政府各院、各部委官员、机构随即水陆并进，昼夜兼程，经汉口、宜昌，分头迁往重庆。国民政府所属中央各行政部门的办公机构，集中迁建于重庆新市区的上清寺、曾家岩、大溪沟、罗家湾约两平方公里的地界内。

国民政府　　地址：渝中区学田湾人民路232号　　现状：现为三峡博物馆

就在国民政府主席林森等中央政府官员赴渝的途中，重庆行营奉命将位于学田湾的高级工业中学校改建为国民政府大楼。1937年12月1日，行政院通令各省市政府，依照中央决议，国民政府正式移渝办公。直到1946年5月5日，国民政府才搬离重庆，还都南京，历时九年。重庆解放后，原国民政府大楼改作西南军政委员会驻地。后予以拆除，兴建市人民政府大楼。后再在其旧址上建了座"重庆中国三峡博物馆"。

行政院　　地址：渝中区中山四路36号市委大院　　现状：市纪律检查委员会

国民政府下设"五院"，分别为行政院、立法院、司法院、考试院、监察院。使国家的行政、立法、司法、考试、监察五者之间互相制衡，即"五权宪法"，五院之下再分设各部。行政院乃国民政府五大院之首，国家最高行政机构。历任行政院院长分别为谭延闿、宋子文、蒋介石、孙科、汪兆铭、孔祥熙、张群、翁文灏、何应钦等。陪都行政院旧址位于中山四路曾家岩一带，即今市委大院。行政院大楼原为德国天主教堂，一座典型的巴洛克式建筑，楼高三层。因所处地方的特殊性，外人很难入内。

立法院、司法院及蒙藏委员会　　地址：渝中区观音岩　　现状：现为中山医院

国府迁渝后，立法、司法二院合驻位于观音岩的义林医院（该院为李义民于1935年创办的私立医院）。1938年7月，主管藏蒙等少数民族地区行政事宜的蒙藏委员会也迁入义林医院办公。新中国成立后，立法院、司法院旧址改为"市第二人民医院"，后又更名为"中山医院"。

考试院铨叙部　　地址：沙坪坝区歌乐山桂花湾红军休养所内　　现状：红军休养所

国民政府五大院之一。1937年11月迁渝后，驻重庆中山四路陶园内。1939年因日机轰炸移至歌乐山。现存负责掌管考取全国文职公务人员的铨叙部。

外交部　　地址：渝中区解放东巷6号　　现状：渝中区文物管理所办公地

外交部隶属于行政院。担负办理国际交涉，管理驻外使领馆、华侨以及外国侨民的一切事务，部长宋子文。抗战时期，外交部发挥了不小的作用。1943年12月1日发表《开罗宣言》，明确要求日本窃取的中国领土应归还中国，确立了二战时期中国的国际地位，成为反法西斯同盟的四强之一。外交部旧址位于今解放东巷，现存两栋青砖白墙带有回廊的小楼。

军事委员会　　地址：渝中区解放西路66号报业集团内　　现状：存军事委员会礼堂

金紫门自古以来就是重庆的重要军事驻地，清时的镇台衙门就设置于此。抗战期间，国民政府的军事最高统率部军事委员会恰巧也入驻昔日的镇台衙门旧址。国民政府军事委员会经不断调整，所属机构以军政部、军令部、军训部、政治部等为主体，以军事为主要任务。蒋介石出任该会委员长。抗战结束后，国民政府撤销了军事委员会，改为国防部。如今的军事委员旧址上仅遗下一栋昔日的大礼堂。

中统局　　地址：中山二路174号　　现状：渝中区市文化宫办公楼

中统局，全称"国民党中央执行委员会调查统计局"。中统局入渝后，最初设在位于储奇门的药材公会大楼上，不远处的邮政局22号就是其所谓的"反省院"。1939年7月，中统局迁入川东师范学校，以学校图书馆为办公地点，并在男生宿舍旧基上（已被日机炸毁）修建中统局礼堂。中统局旧楼高两层，青砖灰瓦，民国三四十年代常见的制式。

原国民政府外交部旧址

国民参政会·战时全国最高民意机关

地址：渝中区中华路174号　　现状：重庆市交通委员会办公楼

　　重庆的解放碑是民国的产物，高七丈七尺，象征"七七抗战"，原名"抗战胜利纪功碑"，以记全国军民浴血奋战之功。据说在纪功碑下埋有许多缴获来的日军武器，而在碑身的内侧，则镌有八年抗战中，千万阵亡将士的名字。重庆一解放，这一抗战胜利纪功碑更名为"人民解放纪念碑"。

　　"人民解放纪念碑"成为这座城市的地标、黄金商圈的中心。商圈之内人潮繁密，熙来攘往，高楼商厦以惊人的速度在这片土地上疯长，其间自然有许多旧时的商铺楼宇里弄公馆成了新厦下的基石。除了解放碑，商圈之内很难再觅出一处旧时的遗构。国民参政会恰巧是个例外。

　　大隐隐于市，国民参政会正匿于这繁华的解放碑旁，新世纪百货背面的一片破旧楼群里。国民参政会是国民党中央为方便各党派、各界人士发表政见而设立的一个机构。它是在原国防最高会议参议会的基础上设立的，由国民党、共产党及其他党派和无党派人士的代表组成的最高咨询机关，有听取施政报告、询问、建议的权利，为战时全国最高民意机关。参政员由国民党中央决定后交政府公布。一切决议必须由国防最高会议通过，才能有效。国民参政会于1938年在汉口成立，后迁来重庆，抗战胜利后遂宣布结束。近十年间共召开了四届十三次会议。除第一次成立大会在汉口举行和最后一次大会在南京召开外，其余十一次大会均在重庆召开。

来到新世纪百货背面，很远就能看见那栋乌瓦的国民参政会旧楼。但进到楼下的入口却不太好找，绕来绕去好几趟才来到昔日参政会的楼前。这是一栋别致的三层小楼，青砖墙，拱券窗，雕花门，规模算不得很大，很难将其与军政要员、社会名流进出往来的全国最高民意机关联系在一起，它更像是座某位高官的公馆。参政会四周围满了高高低低的楼房，混杂在一片破瓦之中。听住户说，老楼旁的平屋也是同时期的建筑，下面有个地下室，是当年的印刷厂，很隐蔽。后来被这里的住户封堵后铺上了地砖，从此再无缘与世人相见。

国民参政会旧址长期以来一直作为重庆市"交委"的办公用房，由于未做太多的装修，里里外外尚保存较好。据说后来市"交委"迁了新址，参政会旧址租给了一家会馆开作洗脚城。洗脚城自有洗脚城的装修，其模样猜也能猜个八九不离十。再后来，洗脚城关门走人，而参政会老楼却将迎来拆除重建的厄运。除了解放碑，寸土寸金的解放碑商圈内确实很难再容下其他的旧迹。

国民参政会旧址

第三厅·文宣堡垒，舆论阵地

地址：渝中区天宫府8号　　现状：民宅

　　第三厅，其全称为"国民政府军事委员会政治部第三厅"。军事委员会是国民政府最高军事统御机关，第三厅本是这个庞大机构中下属的一个小小行政机构，但在中国近代史中，它却屡见于笔端。作为文物保护，处处也见其身影。

　　1938年初，国民政府改组军事委员会，在原有部门基础上增设政治部，由陈诚任部长，周恩来任副部长。部下再分设总务厅、秘书处、设计委员会，以及一、二、三厅。其中一厅管军中党务，二厅管民众组织，三厅管舆论宣传。政治部是在第二次国共合作时期成立的，组成人员除了国共两党外，还有大批知识精英、进步人士参加。由于共产党人尤其擅长文宣工作，引导舆论，军事委员会便将掌管宣传工作的第三厅交与共产党负责，郭沫若出任第三厅厅长，下设五、六、七三处，分别掌管动员工作、艺术宣传、对敌宣传等。其中第六处由田汉任处长，负责艺术宣传，下再设三科。第一科主管戏剧音乐，科长洪深；第二科主管电影，科长郑用之；第三科主管绘画木刻，科长徐悲鸿。第三厅成立后，即在武汉开展了轰轰烈烈的抗战宣传周活动，拉开了声势浩大的宣传运动的序幕。

　　武汉会战前夕，第三厅由武汉迁至重庆，入驻较场口附近的天宫府8号院。在重庆期间，第三厅集中了众多文化名人和社会贤达，史称"名流内阁"，是抗战文化宣传的重要阵地。然而对于这帮无党无派的文化人，蒋委员长自是清楚后面有人在暗中操控，便要求"凡在军事委员会各单位中的工作人员一律均应加入国民党"。老蒋这招不但不灵，反而惹得郭沫若等三厅人员纷纷辞职。为了不使这帮文化精英走向共产党的阵营，蒋介石便立即召见郭沫若、田汉、阳翰笙等人，说在政治部里将成立一个文化工作委员会，专门对文化工作进行研究，邀请第三厅的人员留下来继续工作。于是在1940年11月1日正式成立了"文化工作委员会"，郭沫若担任主任，副主任为阳翰笙、谢仁钊、李侠公。委员分别为沈雁冰、沈志远、杜国庠、田汉、洪深、郑伯奇、尹伯林、翦伯赞、胡风、姚蓬子、舒舍予、陶行知、张志让、邓初民、王昆仑……1945年4月，因种种原因，文化工作委员会宣布解散。

　　重庆第三厅旧址至今尚存，通过一座老式的门楼就能来到第三厅的楼下。这是一栋两楼一底的砖木结构楼屋，粉墙朱柱，破旧得厉害。老楼里住了十二家住户，过道和门口堆满了废弃物，显得杂乱不堪。对于第三厅，蒋介石日后定是懊悔不已：文宣舆论，国之利器，岂可轻易予人。

国民政府军事委员会政治部第三厅旧址

中苏文化协会·文化精英云集之地

地址：渝中区中山一路162号　　现状：破旧不堪，已废弃

在重庆七星岗的大马路旁，有片极其破落的院子。老楼的住户进进出出半个多世纪，抽筋剥鳞，将其弄了个体无完肤，最终纷纷离去，就连拾荒的老汉、下力的棒棒都懒得多看几眼。与周围近些年修建的居民楼房相较，院中老楼虽说是颓垣败壁，陈旧不堪，但却多具有几分华贵气，即便剥离完了身上所有饰物，它也始终如贵族般地傲立着。早在六十多年前，它就是这座城市政要名流、文化精英出入最为频繁的聚会场所——中苏文化协会。

说到中苏文化协会，不得不提到一个人，国民政府立法委员张西曼。张西曼，湖南长沙人氏，早年加入同盟会，后入京师大学堂。他在俄国东方语文专科学校攻读政治经济学期间，曾赴俄彼得堡、莫斯科等地进行考察。1935年10月，张西曼联合一些留苏的学生在南京发起创办了一间中苏文化交流机构，起名为"中苏文化协会"。协会推举孙中山之子孙科为会长，陈立夫、邵力子为副会长，张西曼担任常务理事。"七七事变"后，国民政府为了依靠苏联的军事援助，改善同苏联的外交关系，与其缔结了《中苏互不侵犯条约》。

1937年12月1日，中苏文化协会随国民政府西迁重庆，并在七星岗租下这栋楼房，作为协会的会址。中苏文化协会地处新市区的中心，其对面是重庆戏剧运动中心的抗建堂，旁边是中华全国文艺界抗敌协会，交通往来极为便利。协会分主楼和偏楼两部分，平面布局呈"L"形，主楼坐西向东，一楼一底，层高约六米，门前还立有一对石狮。偏楼坐北向南，二楼一底。楼内除设有客厅、会议室、卧室等房间外，还附设有餐厅和活动室，以便举行各种活动和聚会。

中苏文化协会长期举办各类文化活动和集会，成为战时大后方文化抗战的中心。如1940年8月，郭沫若、田汉、葛一虹、沈钧儒、吴克坚等重庆文化界代表在这里举行纪念鲁迅先生诞辰六十周年大会；8月12日，沈钧儒、张申府、张友温、潘梓年等51人在此座谈，以重庆文化界名义致斯大林及苏联人民书，感谢苏联援助我国抗战的热忱；1943年，中苏文化协会连续举办了三次苏联反法西斯战争美术作品展；1945年9月1日，中苏友好同盟签订大会在此举行，宋庆龄、冯玉祥、孙科、邵力子、毛泽东、周恩来等各界人士数百人参加了大会；1946年，中苏文化协会随国民政府还都南京。

中苏文化协会老楼虽说是颓垣败壁、陈旧不堪,但却多具有几分华贵气。即便剥离完了身上所有饰物,它也始终如贵族般地傲立着。

新华日报·山坳间的报社总部

地址：渝中区民生路240号、化龙桥虎头岩村86号
现状：存营业部、办公室、厂房、宿舍、防空洞等旧迹

关于重庆的风物，这六十多年来，不外乎两类。一是三峡，出了平湖后，也慢慢少了看客。二是革命遗址，歌乐山、渣滓洞、白公馆、红岩村、曾家岩等。无论重庆本地的，还是外省的，无论去过的，还是没有来过的，但凡红旗下长大的人，或许没有几个不知道。

本文所提及的这处旧迹恰是个例外。位于虎头岩的《新华日报》报馆，它本是处名声赫赫的革命遗迹，与红岩的八路军办事处、曾家岩的周公馆并称重庆革命圣地的"三岩"。但数十年来却人迹罕至，甚至还少为人知。究其原委，一是因为它位于民生路的营业部旧址抢尽了风头，成了《新华日报》的代言。二是报馆总部实为偏僻简陋，开发不易。因此这处旧址就始终闲置着，与野草荒树为伍多年，革命遗迹能有如此待遇的实属少见。

《新华日报》是抗战期间中国共产党的机关报，1937年底筹备于南京，1938年1月11日于武汉正式创刊。武汉沦陷后，《新华日报》迁至重庆。初设馆址于苍平街（今邹容路）69号，营业部在西三街2号。1939年和1940年，报馆和营业部先后被日机炸毁。后重新选址，营业部开在了民生路208号（现240号），近旁就是天主教的若瑟堂，是日机空袭的非投弹区。报馆设在了城外十多里处的虎头岩。虎头岩背山面江，较为隐蔽，能挨上炸弹的几率不高。抗战胜利后，国共谈判也随之破裂。1947年2月28日，报馆的工作人员全部撤回延安。《新华日报》在重庆办报历时九年，共出报刊3331期。

《新华日报》报馆位于化龙桥虎头岩村，在化龙桥下车，顺着旁边的一条小路再步行十多分钟就能来到《新华日报》报馆的面前。这是一处十分隐蔽的小山坳，生满了荒草，报馆就依着山势筑起了五六栋楼屋，分别是编辑部、印刷厂、宿舍楼，都是那种极其简易的穿斗式民宅建筑，编竹夹泥筑墙，外面再抹上一层厚厚白灰。如今墙体上的抹灰很多都已剥落，露出竹骨的夹墙。宿舍楼旁的山崖上还挖有防空洞，条石垒筑，看样子比那几栋瓦屋泥墙的楼房结实多了。

自从住户们搬离报馆旧址后，这里再没有什么人来过，清净了许多，只有一位老人长期住在里面，守护着这处多年来始终藏在深闺的革命遗迹。

《新华日报》营业部

《新华日报》报馆旧址

《新华日报》报馆旧址

躲避日机空袭的防空洞

《新华日报》营业部

卢作孚·中国船王，铁血西迁

1938年的10月，宜昌，这座川江门户上的小城一片混乱。**数十万的难民、伤兵、机关工作人员、工程技术人员滞留在码头，候船西上。**数十万吨的厂矿设备物资也沿着江滩堆成了一座座的小山，等待运输。还有大量难民物资正源源不断地向这里涌来，而宜昌的轮船公司和码头早已是无法应对，整个航运几乎陷于瘫痪。更为恼火的是，再过四十多天，长江就将进入枯水期，水位日落，大型的轮船将受阻而无法行驶。

就在这危急关头，川江上的航运大亨卢作孚临危受命，赶赴宜昌，将屯集在宜昌码头上的大量人员和物资及时抢运入川。卢作孚飞抵宜昌后，在稳定人心的同时，立即制定了一个"四十天抢运计划"。调集轮船24艘、木船1200条，不分昼夜，分段抢运。终在长江枯水季节来临前，将所有物资人员运到了四川，保住了中国的工业命脉，被誉为"中国实业界的敦刻尔克大撤退"。在抢运过程中，民生公司16艘轮船被日机炸沉，116名船员为国捐躯。

卢作孚系重庆合川人，同盟会会员，曾先后担任过报社编辑、主笔和社长，为开展通俗教育与新教育试验四处奔走呐喊。后弃学从商，开始了其实业救国的梦想。1925年，卢作孚筹得八千元资本创办了民生轮船公司，短短的十年时间里，民生公司由仅有一条铁壳小船的小公司发展成为拥有近30艘商轮的航运大佬。1935年，再成功收购美国捷江公司11艘外国轮船，从而迫使日清、太古、伯和等老牌外国轮船公司退出川江航运。抗战爆发后，国民政府任命卢作孚为军事委员会水陆运输管理委员会主任，坐镇武汉、宜昌等地，全权处置航运入川事宜。从1937年11月起，民生公司先后运送各类人员150余万人，物资100万余吨。抗战胜利时，国民政府授予卢作孚一等一级奖章。

1938年秋,卢作孚受命于危难,周集轮船24艘、木船1200条,不分昼夜,分段抢运。终在长江枯水季节来临前,将所有物资人员运到了四川,保住了中国的工业命脉,被誉为"中国实业界的敦刻尔克大撤退"。

说到卢作孚,重庆有一地不得不提,那就是缙云山下的北碚城。1927年,卢作孚到北碚出任江(北)、巴(县)、璧(山)、合(川)峡防团务局局长,在北碚任职期间,他大力发展实业,修建了四川的第一条铁路——北川铁路,组建了四川最大的煤矿——天府煤矿,创建了西南地区最大的纺织染厂——三峡织布厂,创立了中国唯一一家民办科研机构——中国西部科学院。同时修公路、开运河、办农场、建工厂、辟公园、修建体育场,并在城镇中设医院、建立图书馆、博物馆以及各种学校。直到今天,我们来到北碚,走在那繁华而不繁杂的林荫大街上,依然可以感受到当年卢作孚对北碚所做的贡献。

卢作孚故居　　地址:北碚文星湾自然博物馆

在北碚文星湾自然博物馆里,一栋很不起眼的两层青砖房子正是卢作孚先生生活和工作过的地方。房子的墙上长着很多的藤蔓,一半是绿叶,一半是青砖和瓦。旧居建筑很朴实,没有多余的装饰,很难和一位"航运巨子"联系起来。见过卢作孚的故居,才真切感受到原省主席张群对他的评价,"一个没有钱的大亨"。曾有一位友人这样描述过他的居室:那里又闷又潮,低低的天花板下面,挂着一只没有灯罩的灯泡,黑漆的衣橱年代久远,没铺桌布的写字台,竹制的书架,外加两把旧藤椅,这就是房中仅有的一切。这样的居住条件,任谁都不敢相信,他就是当时的"中国船王"。

中国西部科学院　　地址:北碚文星湾自然博物馆　　现状:现为重庆自然博物馆

西部科学院是四川第一家民营科研机构,为卢作孚先生于1930年9月创办。该院先后成立了生物、理化、农林、地质四个研究所和博物馆、图书馆,先后对四川地区作了深入的地质考察和研究。

北碚公园　　地址:北碚公园　　现状:现仍为北碚公园

北碚公园是卢作孚为北碚市民修建的公共休闲场所。公园环境幽雅,绿树成荫。公园里有一座"清凉亭",是卢作孚先生于1935年为母亲六十寿辰而筹建,取名"慈寿阁",1937年林森题名"清凉亭"。此亭为庙宇型楼阁,圆柱,红墙,绿琉璃瓦屋顶。

红楼　　地址:北碚图书馆　　现状:现为卢作孚生平事迹陈列室

红楼修建于1932年,原为中国西部科学院和兼善学校校舍,因楼面漆为红色而得名。抗战时期曾作为中央银行北碚办事处使用。1946年更为北碚图书馆。

裕华纱厂·西迁重庆的汉口第二纱厂

地址：南岸区弹子石　　现状：重庆第三棉纺厂

南岸弹子石的江边有一大片老旧的车间厂房。厂房的屋顶是那种连续多跨式的结构，呈锯齿状，一面覆着洋瓦，一面开着天窗。厂内的几栋老楼，青砖灰瓦大屋顶，还环绕着回廊，一看就是民国时代的产物。在石砌围墙的中段，立有一券门，虽然已被封堵，但石额上还是清晰地留下了它曾经的旧名——"汉口裕华纺织公司渝厂"。

汉口裕华，西迁诸多工厂之一，武汉第二大纱厂，由张松樵、徐荣廷、苏汰余、姚玉堂等人集资创办。它在旧时的中国，可算是纺织行业的一艘航母。武汉会战前夕，战争的硝烟已经弥漫到了武汉的上空，大战一触即发。为了继续生产，提供军需民用，裕华董事会毅然决定纱厂内迁重庆。董事苏汰余于1938年1月亲自赴渝勘选厂地。后选址南岸弹子石，取名为"汉口裕华纺织公司渝厂"。裕华纱厂在渝期间，得到了地方政府的大力支持，创造了很好的建厂条件，在运输、厂地、电力、劳工、原材料、销路、金融等诸多方面都给予优惠和方便。然而重庆大轰炸时，裕华纱厂多次被日机炸弹所击中。大量厂房和机器设备被毁，损失惨重。最严重的一次轰炸，将厂炸得只剩下几垛矮墙。工人们冒着炮火，在很短的时间里就修好了厂房，恢复了生产。新中国成立后，裕华纱厂更名为重庆第三棉纺厂。

自国民政府西迁重庆后，中东部重要的工矿企业纷纷向西部迁移。从1937年12月首批内迁工厂抵达重庆算起，共有三百多家工厂，万余技术人员先后抵渝，在长江巴水两岸形成了一条集军工、钢铁、机械、纺织、化工等诸多领域的工业经济带。这些内迁的工厂，多是当时中国最具有实力的大厂，资金雄厚，设备先进，技术力量、管理经验等都在全国首屈一指。他们的进入，对整个重庆的工业建设起到了不可估量的作用。抗战期间，重庆成为中国大后方抗战物资的生产中心，为抗战提供了大量军需民用物资。重庆制造的工业产品占整个后方产量的一半以上，其中发电机、发动机、车床、工具机、轧钢机、蒸馏塔、高压炉、炼钢炉、大型纺纱机、毛纺机等重要产品和设备更是占了总产量的百分之八十以上。而规模最大的军工企业则全部集中在了重庆。同时，也使重庆的配套产业迅速发展，奠定了重庆后来的工业基础。如今的重庆钢铁公司、重庆天原化工厂、重庆冶炼厂、重庆通用机器厂、长寿化工厂、重庆水轮机厂、重庆电机厂、重庆卷烟厂、重庆冠生园食品厂等诸多大型企业都是从那个炮火纷飞的年代发展起来的。

在曾一度以工业闻名的山城重庆,像裕华纱厂这样的企业举不胜举。他们都有着许多极其相似的经历。这些创办于清末或民初的企业,经过多年的摸索和努力,终渐成气候,成为一代雄厂。后逢战事,相继西迁,在硝烟炮火声中再度屹立起来,为中国的抗战事业做出了不朽的贡献。再后来逐一为国家所接管,成了共和国的宠儿,在特殊时代的特殊市场上辉煌红火了数十年。最后终于油尽灯枯,归于沉寂。

重庆大学·名校云集，坝上沧桑

地址：沙坪坝区沙正街重庆大学　现状：现存总办公厅、理学院、文字斋、工学院等

西迁入川，主要有三条途径。一是由汉口溯长江而上，过宜昌，经三峡，最后抵达重庆；二是走湖北汉水，经汉中，取道川北；三是由汉口溯湘江入湖南、广西，再从桂林经贵州入川。三条西迁路中，后两条忽北忽南，一路辗转，好不辛苦。唯有第一条较为便利，直接水路向西即可。然而捷径便道自是人人想走的，以至于整个宜昌码头货物山积，人满为患。数十万难民、数十万吨物资滞留屯集在江滩，绵延数公里。然而无论路途再怎么艰难坎坷，颠沛流离，全国仍有48所高校（当时全国拥有高校108所）一路辗转，由这三条西迁路入川。

在所有内迁高校中，位于旧时首都南京的中央大学是整个大迁徙中，迁移最为迅速，而且学科保持最为完整的学校。中央大学，其前身乃赫赫有名的东南第一师范两江师范学堂（即两江总督所辖的苏、皖、赣三省），1928年更名为国立中央大学，设理、工、医、农、文、法、教育七个学院，学科之全和规模之大堪为全国高校之冠。"八一三事变"后，中大校长罗家伦立即函电催促正放暑假的学生迅速返校。两日后，在学校大礼堂召开学生大会，会上罗校长说道："现在全面抗战已经爆发了，这场中日战争是关系中华民族生死存亡的一场大战。这个仗不打则已，一旦打起来，就不是三年五年、十年八年能够结束的。我们这一代人打不完这个仗，下一代人还要打下去，一直打到日军被驱逐出我国国土、收复全部失地为止。"随后派人分赴湘鄂川各处勘选校址，最终选定迁址位于重庆沙坪坝的重庆大学（其中医学院及农学院的畜牧兽医系迁至成都华西坝，文、理、工、法、农、教育等学院则迁至重庆）。而早在抗战爆发两年前，学校总务处就已打好五百多只大木箱，以备迁校之用。1937年10月上旬，学校师生开始各自设法购买船票，分散前往重庆。11月底，最后一批师生抵达沙坪坝。12月1日，中央大学借地重大松林坡开学复课，并于次年在嘉陵江畔的柏溪建立央大分校。

中央大学虽迁至重庆沙坪坝，但也未能避免日机的轰炸。当时有一句顺口溜在后方大学广为流传，说的是"华西坝是天堂，沙坪坝是人间，古楼坝是地狱"。历史学家顾颉刚也曾感叹道："在前方枪炮的声音惊天动地，到了重庆是上天下地，来到华西坝使人欢天喜地。"这就是当时后方著名的"三坝"，华西坝位于成都，因环境优美、物资充足，且少有日机来袭，故被人们视为"天堂"。古楼坝在汉中，物资匮乏，各方面条件都很差，而被师生们贬为"地狱"。沙坪坝位于重庆，战时的首都，其他倒还好说，就这三天两头的空袭让人受不了，勉强被人们尊称为"人间"。

抗战期间,后方学人间流传有"三坝"之说,
即陕西汉中古楼坝,
四川成都华西坝,以及陪都重庆的沙坪坝。
因条件各异,三坝故还有天堂、人间、地狱之分。

位于沙坪坝的重庆大学由旧时军阀刘湘筹资创办于1929年。校址最初暂借菜园坝杨家花园,以及刘湘的马队驻地作为临时校舍,后购下沙坪坝松林坡一带的土地九百亩,修建校舍。1933年,重庆大学迁至沙坪坝新址。1942年更为国立重庆大学。抗战期间的沙坪坝,中央大学、南开大学、东南大学、重庆大学等名校云集,时下巨儒宿学更是数不过来,如李四光、马寅初、何鲁、冯简、柯召、吴宓、吴冠中……国难当头,各校共处一坝,师生同学间情同父兄姊妹,互通有无,校际间的师资、校舍、设备成了大家共同的资源。这一阶段是沙坪坝上文风最盛的时期,以至于战事结束后,各校返迁,师生们的惜别之情还真难用欣喜或是酸楚来言表。1946年,中央大学返迁南京。直到今日,台湾中央大学的学子几乎每年都会组团回到重大,故地重游。

饶家大院

要说重庆大学,绕来绕去都绕不开这饶家大院,这本是清末举人饶冕南的府宅,始建于清咸丰年间,前后三进,古色古香。那年刘湘筹办重庆大学,校址选来选去还是觉得松林坡一带最为理想,依山傍水不说,还一马平川。后经丈量,九百亩土地皆为饶、刘两家所有。后经协商,饶、刘两家竟以半卖半捐的方式出让了土地。于是有了后来的重庆大学。从某种意义上说,若没有饶家的开明大度,也就没有了今天的重庆大学。幸运的是百年饶家大院一路走来,躲过了大轰炸,躲过了战争,躲过了十年浩劫,一直保存至今。然而不幸的是,它却没有躲过了发了迹后的新东家的暴力,于2000年后被拆除,筑起了一栋高达百余米的主教学大楼。

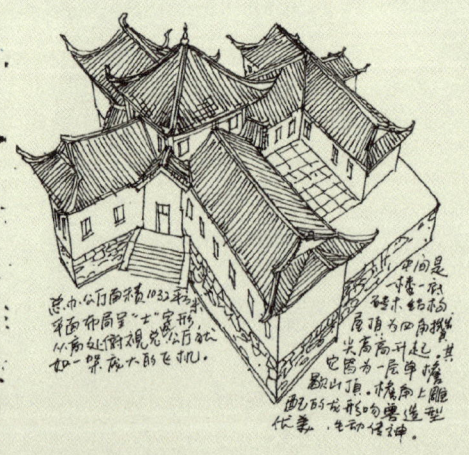

总办公厅

在团结广场的东北侧有一排古朴的旧式建筑群,由下至上分别是总办公厅、理学院和文字斋。总办公厅是一片占地千余平方米的一层平屋,平面呈"士"字形,唯有正中凸起,形成二层的塔楼。

重庆大学工学院,建成于1935年,由英国建筑师莫利生担纲设计

理学院

理学院建于1933年,重檐歇山顶,平面呈"山"字形。青砖乌瓦,朱柱红窗,其造型、工艺皆仿教会建筑制式,甚至连屋脊的吻兽都与成都华西坝上的教会学校建筑如出一辙。

文字斋

文字斋与理学院相邻,单檐歇山顶,平面布局为"工"字形,外置檐廊。抗战期间,一些年轻的教员就曾住在文字斋里,后改为高年级学生的宿舍,现为计算机学院和通信工程学院的院址。

工学院

理学院后,有一条沿着嘉陵江的老路。老路绿树成荫,幽静而悠长,是情侣们拉着小手、哼着小曲、谈情说爱的好去处,故得名"鸳鸯路"。据说徐悲鸿、吴冠中等大师当年都曾在这小径上留下过一段浪漫的爱情故事。走完鸳鸯路,便到了重大第二教学楼,即工学院。工学院建成于1935年,由英国建筑师设计建造,其造型完全不同于那些歇山式的校舍。楼高三层,大石垒砌,中立四层塔楼,像是一栋立于英国乡野间的中世纪古堡。据说大轰炸期间,一颗炸弹击中了工学院,仅给坚实的石墙蹭破了一点皮。工学院的铸铁构件都是来自法国,至今仍十分坚固,丝毫没有锈蚀的痕迹。

松林坡

松林坡是重大的一个幽静去处。当年中央大学内迁重庆,就是借用的松林坡重新复课。如今坡上的密林间掩映着许多上世纪四五十年代修建的老屋,它们或是当年老教授的寓所,或是学子们的教室。松林坡的山脚下存有一栋大礼堂,大礼堂修建于1938年,名为"七七抗战大礼堂"。大礼堂后为重大学生文娱活动的主要场所,如今成了人文艺术学院的雕塑工厂。

江苏医学院·两载三迁，颠沛流离

地址：北碚区第九人民医院老家属区内　　现状：存三层老楼一栋，现废弃

在北碚第九医院家属区内的一座小山坡上，静静地矗立着一栋平顶的砖混老楼。老楼荒废多年，高三层，青砖修砌，亮玻大窗，简洁陈旧但极富韵味。拨开杂草，墙根石碑上镌刻着一段铭文，"民国二十八年四月奠基迁，江苏医学院院长胡定安谨"。这方小小的奠基石虽残破不堪，字迹也有一些湮灭不可辨，但却为我们道出了一段关于抗战大迁徙期间，一所学校历经磨难、辗转流离的往事。

其实早在"七七事变"之前，一些有识之士就已预料到战火必将蔓延至中国腹地。为保存中国的教育实力，延续中国的文化命脉，国民政府教育部就分令各省市高校及中小学择地迁移。战事一起，华北、华中、华南的大中学校，纷纷西迁，其中大多入了川、滇两省。作为战时首都，重庆更是成为全国众多内迁高校的最终落脚地。从1937年10月至1945年7月，先后迁入重庆的高校共计43所。其中多为当时各地的著名学府，如中央大学、交通大学、复旦大学、武昌中华大学、上海医学院、山东大学……内迁的高校，有的是一步到位，直接迁至目的地，如落脚重庆沙坪坝的中央大学。有的则是随着战事的发展，不断迁移，一路辗转，如石碑中所提及的江苏医学院。

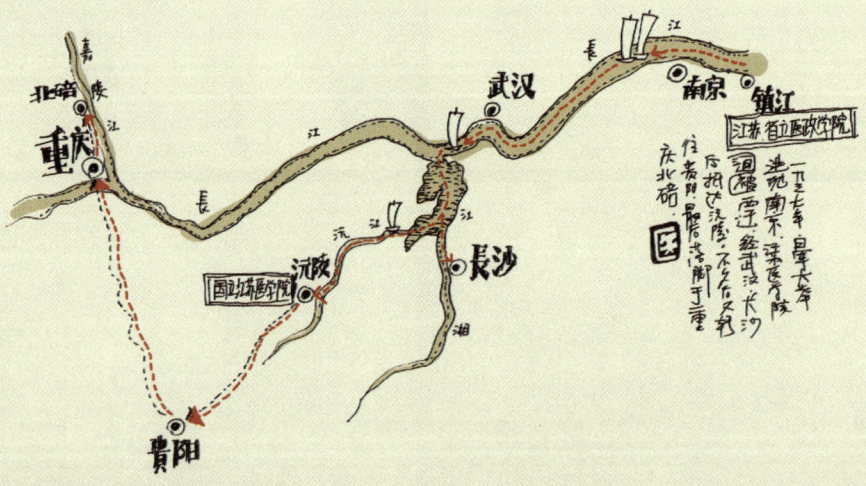

一方小小的奠基石碑，
虽残破不堪，
字迹也有一些湮灭不可辨，
但却为我们道出了一段关于抗战大迁徙期间，
一所学校历经磨难、辗转流离的往事。

江苏医学院即现在的南京医科大学前身，1934年创建于江苏省会所在地镇江市，旧名"江苏省立医政学院"，院长为陈果夫（时任江苏省主席），教育长是胡定安（抗战爆发后任院长职）。1937年初冬，日寇大举进犯南京，镇江危在旦夕，江苏医政学院奉命西迁，星夜乘船溯江西行抵达汉口，再又转道湖南长沙，后由长沙溯沅水直抵沅陵。到达沅陵后，医政学院借得一部分油漆职校的校舍，再临时搭建了一些茅屋，便复起课来。虽然暂时落了脚，开了课，但办学经费缺乏，学校师生备感艰难。教育部为了便于筹措经费，于1938年8月9日，将江苏医政学院与南通学院医科合并，更名为"国立江苏医学院"，胡定安出任首任院长。江苏医学院成立不久，因长沙会战，学院再度转迁贵阳。然而贵阳也非久留之地，校方便最终决定迁往重庆。1939年3月，胡定安院长在重庆北碚购下当地地方医院作为医学院的校舍，并立下了那方奠基石。5月23日，江苏医学院在北碚再度开课，终于结束了其颠沛流离长达两年的教学生涯。嘉陵江畔的川江号子声和苏医课堂上的朗朗读书声交织在一起，成为当时北碚的一景。

江苏医学院入驻北碚，为北碚百姓看病带了方便，学校所设立的附属医院甚至被当地民众亲切地称作"苏医邨"。大轰炸期间，这些来自江苏的年轻医生们组成了若干个空袭救护队，穿梭于北碚的大街小巷，运送救治伤员。抗战结束后，江苏医学院的师生们告别了北碚的父老乡亲，又重拾书籍行李，回到了阔别近十年的故土。苏医学子们走后，医学院旧址继续沿袭着治病救人的传统，成了北碚区第九人民医院，当地人简称"九院"。只可惜后来的九院在北碚市民中口碑不佳，看病吃药做手术多是舍近求远，敬而远之。

1939年5月,江苏医学院在北碚再度开课,终于结束了其颠沛流离长达两年的教学生涯。医学院入驻北碚,为北碚百姓看病带了方便,学校所设立的附属医院甚至被当地民众亲切地称作"苏医邨"。

跳伞塔·凌云御风，战鹰的丰碑

地址：渝中区两路口大田湾体育场内　　现状：塔身尚存

每次路过两路口，都会看见那座高高的塔。很小的时候，就曾听大人们讲，那座塔叫跳伞塔，是跳伞运动员跳伞用的。从那时起，我们就很是崇拜跳伞运动员，跳伞塔似乎也成了我们心目中最高的建筑。

位于两路口的跳伞塔远不同于其他城市的跳伞塔，若论起辈分来，它当仁不让地应被尊为"中国第一跳伞塔"，同时也是当时远东地区最高、设备最好的跳伞塔。若论功能，它的修建不是为了培养跳伞运动员，而是训练中国的空军。

众所周知，抗战初期中国的军力远不及日本，无论武器装备、作战能力，还是军队数量等，更别说日本国强大的海军和空军优势。这是一场明知打不赢但还必须咬牙硬拼的战争。1932年，中央航空学校在杭州筧桥成立，短短几年为中国培养了大批优秀的航空人才，但羽翼尚未丰满，就迎来了十倍于己的强悍日本空军。年轻的中国空军没有退缩，而是积极迎战。但经过淞沪会战、武汉会战两大战役的一路厮杀，损失惨重。至1940年底，中国空军只剩飞机百余架，其中作战飞机仅存65架。重组空军，成为当时国民政府最为迫切的任务之一。

1941年4月，蒋介石亲任会长的中国滑翔总会在重庆成立，滑翔总会以推行滑翔运动补助空军，培养空军干部，促进航空建设。与此同时，滑翔总会常务理事长、航委会副主任、教育部部长陈立夫负责筹建跳伞塔。经过一年的修建，中国第一座跳伞塔于1942年4月在重庆两路口建成。跳伞塔由著名建筑大师杨廷宝主持设计，塔高38米，直入云天，其跳距28米，底部直径3.35米，顶部直径1.52米，圆锥形砖塔上有三悬臂的支架（现已拆除），内设有旋梯可至跳伞塔的中部平台。为庆祝跳伞塔落成，陈立夫为此撰写《陪都跳伞塔记》，刻石立于塔下，以资纪念。4月4日下午3时，白崇禧、张治中、于右任等军政要员、社会名流、国际友人等各界人士五百余人齐聚于塔下，参加跳伞塔的落成典礼。当大会主席陈立夫致辞后，于右任开启了塔门，随即振臂呼道："塔门已经开了，请全国青年上去吧！"此话一出，群情激奋，全场掌声雷动。

跳伞塔建成后，成为抗战时期飞行员重要的训练场所，为抗战的最终胜利作出了巨大的贡献。如今跳伞塔一带高楼林立，38米的高塔在这群楼之间显得有些势弱，不再是旧时所见的直入云天。自从重庆跳伞学校解散后，这高塔下的场地也随着市场的需要应时地变换着身份，游泳池、娱乐场、洗车场、停车场……

1942年4月4日下午3时，白崇禧、张治中等各界人士五百余人齐聚于塔下，参加跳伞塔的落成典礼。当大会主席陈立夫致词后，于右任开启了塔门，随即振臂呼道："塔门已经开了，请全国青年上去吧！"

白骨塔·重庆大轰炸，十二亡灵塔

地址：佛图关公园山北面的半山腰上　现状：仅遗最后的一座

对于那场惨绝人寰的战事，民国人在当时的陪都树起了一碑十二塔。碑为"抗战胜利纪功碑"，以记全国军民浴血奋战之功。塔为"白骨塔"，以祭奠那些在重庆大轰炸中死难的亡灵。然而岁月逝去，纪功碑下成了时尚的前沿，兴繁的象征，虽时时人潮汹涌，但少有人知道其真实的身份。十二座白骨塔，则更是少有人知，几乎在数十年间未曾存在于重庆这座城市的记忆间。还好，十二白骨塔终遗下了最后的一座，让人还不至于彻底将那段往事从记忆中抹去。

1938年武汉沦陷后，日寇开始动用大量飞机对战时首都重庆日夜轮番空袭，以迫国民政府屈服投降。空袭持续了五年半之久，直到1943年8月才宣告结束。在持续数年的"疲劳轰炸"中，日本先后出动飞机9513架次，实施轰炸218次，炸死炸伤无辜市民两万余人，其中尤以发生在市中心较场口的"大隧道惨案"最为惨痛。

1941年6月5日，停歇了很长一段时间的空袭警报再次响起，来不及疏散至郊外的市民们像往常一样扶老携幼，分别从演武厅、石灰市、十八梯三个入口匆匆躲进了较场口的防空洞。这是一条宽、高约两米，长约两公里，可容纳五千人的大隧道，但那天却涌进了上万民众。下午6时左右，二十余架日机分批夜袭重庆，空袭时间长达五个多小时。当警报解除后，人们打开隧道闸门，看到洞内已叠满了因缺氧而窒息身亡的市民，其状惨不忍睹，酿成了骇人听闻的"大隧道窒息惨案"。官方统计死亡人数为992人，伤约4000人（后人估计死亡人数应为9000余人）。事后，人们将无人收殓的遗骸与残肢断骨收集一处，分别埋在了鹅岭与大坪九坑子一带长约三公里的山坡上，并在他们的合葬墓上立起了十二座高高的尖塔，取名"白骨塔"，以安抚亡魂，让逝者永得安宁。

六十余年过去了，由于历史和人为的原因，这十二座白骨塔中十座已无了踪迹。一座立于佛图关公园后门的一山崖旁，存了半截。一座立于在佛图关公园内的半山腰上，虽几经风雨洗礼，至今还保存着原貌。最后的这座白骨塔立在一片菜园中，平日里除了菜园子的主人，或许少有人至，更别说缅怀者的鲜花。白骨塔背依佛图关北坡，面朝嘉陵江，塔高六七米，方尖碑的造型。塔身以土坯砖层层叠砌，外面再抹上一层厚厚的白灰。过去人们在为惨死的同胞立碑时，曾用红漆在塔身书有碑文，如今碑文几乎都已脱落风化，唯留一个正书的"常"字。

人们将无人收殓的遗骸残肢收集一处，分别埋在了鹅岭至大坪一带的山坡上，并在他们的合葬墓上立起了十二座尖塔，取名「白骨塔」，以安抚亡魂，让逝者永得安宁。

南山使馆群·使节云集，风云起

平均海拔仅四百余米的南山，虽算不上高峻险绝，但数十座山峰临江拔地而起，层峦叠嶂，绵延二十里，犹如一道巨大的绿色屏障横亘在重庆城的东面。以至于滚滚而来的长江水只得调头北上，绕过南山群峰，再继续东去。

1937年，迁都重庆后的国民政府立即征调大批官兵民夫修筑了一条横贯南山的公路。公路西起南岸海棠溪，东至广阳坝机场（西南地区的第一座机场），全长四十多公里，名为"海广公路"。海广公路通车后，大大缩短了机场、南山与市区的距离，加强了重庆与外界的联系。南山之上林幽谷静，空气清新，自古就为重庆城外一方胜致幽景，自然成为战时军政要员躲避日军轰炸的最佳选择。如蒋介石的官邸云岫楼、马歇尔的别墅草亭、宋美龄的旧居松厅等。那些纷纷内迁的外国使节也受不了日本人的疲劳式轰炸，相继将位于城内的大使馆、公使馆搬上了山，在南山上形成了一片颇为壮观的外国使馆群。

早在1937年底，还在南京的各国驻华使馆就先后派遣工作人员赶赴重庆，勘寻馆址。1938年1月19日，苏联驻华大使由汉口乘机抵达重庆，并于四日后向国民政府主席林森呈递国书，成为战时第一个抵达重庆并呈递国书的外国驻华大使。此后美国、英国、德国、意大利、法国、比利时、荷兰、巴西、葡萄牙、挪威、丹麦、捷克、波兰、墨西哥、加拿大、土耳其、秘鲁等国的驻华大使、公使、代办、参事等相继抵达重庆，其驻华大使馆、公使馆也随之迁至重庆，前后多达三十余个。原本偏居中国西南的江边小城，一夜间成了全世界家喻户晓的国际都市。

苏联大使馆（枇杷山馆）　　地址：渝中区枇杷山重庆第三人民医院

诸国使馆中，苏联是第一个在重庆设立大使馆的国家。1938年1月23日，苏联驻华大使奥莱尔斯基向国民政府主席林森递交了国书，在枇杷山选址设立大使馆和塔斯社通讯总社。大使馆位于两路口的枇杷山下，一栋青灰色的巴洛克式洋楼，四楼一底，总面积两千多平方米。在1940年的大轰炸中，使馆中弹，武官办公楼被毁，塔斯社大门被炸塌。事后，苏联人将使馆移至了南山。新中国成立后，大使馆更为了重庆第三人民医院。

那些纷纷内迁的外国使节
也受不了日本人的疲劳式轰炸,
相继将位于城内的大使馆、公使馆搬上了山,
在南山上形成了一片
颇为壮观的外国使馆群。

苏联大使馆（南山馆）　　地址：南岸区南山植物园36号

　　苏联大使馆南山馆位于海广公路旁，由使馆及大使官邸组成。使馆用房最早为上海大亨杜月笙的别墅，后改作蒋介石的侍从室使用。大使馆坐北朝南，二楼一底，占地约五百平方米。大使官邸本为军火商朱星门的别墅，后由蒋介石侍从购得，专供外宾使用。苏联驻华大使潘友新在渝期间曾居住于此，成为了苏联大使馆的一部分。大使官邸建在一片林木间，四周植满了香樟，幽雅恬静。官邸为一栋造型别致的西式洋楼，两楼一底，阔约四百平方米，四个立面的造型都不尽相同，复杂而有趣，是重庆不可多见的欧式别墅建筑。现为南山招待所。

英国大使馆　　地址：南岸区文峰乡新力村附近

　　抗战爆发后，英国新任驻华大使阿希尔德·克拉克卡尔爵士偕夫人及随行人员由汉口飞抵重庆，将原英国领事馆更为英国驻华大使馆。由于位于主城区，领事巷惨遭日军空袭，英国大使馆也在空袭中被日机炸毁。1939年，英国人把大使馆迁移至人稀地偏的重庆南郊文峰乡新力村一带。英国大使新馆建在南山的一座坡顶上，四周林木森然，方圆几里不见人家，更谈不上有便利的交通，少有人至。英国大使馆由红砖砌成，坡屋顶，若不是壁上的拱券百叶窗，很难将其与孤傲的英国大使馆联系在一起，而更像是间农人的瓦舍。

法国大使馆　　地址：南山植物园的标本馆

　　法国大使馆最初设在市中区领事巷的原法国领事馆内，后遭日机炸毁，遂于1941年夏迁至南岸的法国水师兵营，哪知办公室、寓所刚刚建成，又被日本人炸毁。被炸怕了的法国人只好将使馆移上了南山，借用过去法国军官在南山居住的营房。解放后，原使馆旧址为当地农户所据。后划归南山植物园，作为标本馆使用。

德国大使馆　　地址：南岸区黄桷垭街道文峰段72号　　现状：闲置

　　德国驻华大使馆初址也位于领事巷附近的原德国领事馆内，后为躲避日机轰炸，德国大使馆租用下德国医生保罗位于南山上的别墅，改建为大使馆。1941年7月，德国正式承认南京汪伪政权，国民政府遂与之绝交，封闭了南山上的驻渝德国大使馆。

　　在南山文峰塔下，黄桷古道的尽头，有一座中西合璧的围廊式老楼。远远看去，半掩在郁郁葱葱的山腰上，这就是当年的德国大使馆旧址。大使馆两楼一底，底层的地板和墙壁全是由六十厘米见方的大石垒砌而成，未用灰浆等粘合剂，全依仗石匠高超的凿石技艺。使馆二层铺着柏木地板，青砖砌墙，许多房间还置有巨大的壁炉。使馆屋外的松林间，立一方镌有德文字样的墓碑，"Dr P. Assmy 1869~1935"。墓主人即这栋别墅的主人——德国医生保罗。他于1906年受德国领事馆委托，从宜昌来到重庆，开办诊所及医疗学院，直到1935年去世。

苏联大使馆（枇杷山馆）

苏联大使馆（南山馆）

英国大使馆

英国大使馆

德国大使馆

法国大使馆

意大利大使馆　　地址：南滨路枣子湾15号　　现状：现为民房

旧时的意大利大使馆朴素得像一栋民宅，若不是残留下来的百叶窗，你很难将其与"意大利"联系在一起。虽说其貌不扬，但在重庆大轰炸期间，它却是附近百姓躲避空袭的避难所。1941年7月，意大利承认汪精卫在南京建立的伪政权，重庆方面遂与之断交，关闭了这处大使馆，后为比利时大使馆继续租用。再以后便沦为了民房。

印度大使馆　　地址：南山植物园图书馆　　现状：现为图书馆

印度大使馆毗邻法国大使馆，一楼一底，围廊式建筑，四周植满了青木、桂树，绿意盎然。印度最早是以驻华专员公署的身份进驻重庆的，初设址炮台街22号。后随着与印度的外交交往不断加强，建立了大使馆。1943年，印度大使馆迁至南山。

西班牙大使馆　　地址：南山植物园植物博物馆　　现状：现为图书馆

南山上西班牙大使馆与苏联大使馆相比邻，始建于1928年，原为某私家别墅，后改为了西班牙的驻华大使馆。

城内其他大使馆

美国大使馆　　地址：渝中区健康路1号市急救中心内　　现状：保存较好

1896年12月，美国在重庆开设领事馆，馆址设在城内五福宫前。1938年8月，美国驻华大使詹森率美国驻华大使馆人员迁渝。美国驻华大使馆坐西向东，仿巴洛克式砖木结构，有房屋28间。

澳大利亚公使馆　　地址：渝中区鹅岭公园内

澳大利亚驻渝公使馆设立于1940年，在原童家花园基础上进行修建，建筑面积约五百平方米。

丹麦公使馆　　地址：渝中区鹅岭公园盆景园内

1938年10月建立，馆址位于在遗爱祠76号，即今鹅岭公园盆景园内。1941年8月，丹麦政府宣布承认南京汪精卫政权，同时承认日本扶持的伪满洲国傀儡政权，国民政府遂与之断交，并关闭了丹麦公使馆。

土耳其大使馆　　地址：渝中区鹅岭公园盆景园内

土耳其大使馆与丹麦公使馆处于同一院落，与澳大利亚大使馆仅一墙之隔。现存平屋一栋。旧址初为公使馆，始建于1939年底。1944年5月，公使馆升格为大使馆。1946年6月，土耳其大使馆与其他诸国使馆相继迁往南京。

意大利大使馆 　　　　　　　　　　　意大利大使馆

印度大使馆　　　　　　　　　　　　西班牙大使馆

美国大使馆　　　　　　　　　　　　澳大利亚公使馆

丹麦公使馆　　　　　　　　　　　　土耳其大使馆

陪都公馆群

每一座城市，或多或少都留有一些民国时期的公馆别墅。这些仿西洋制式的建筑或青砖红墙，或水泥砂浆，或华丽繁杂，或简约朴素。不同的城市，公馆别墅的风格规制也不尽相同。武汉，首义之区，东方芝加哥，公馆乃至整座城市都弥漫着那种浓郁的欧罗巴风情。南京，国中京畿，各路神仙纷纷在此据有一席之地，立国草创，清新淡雅成为那个时代的风格。杭州，世间天堂，那些南京的政客、上海的大亨，多爱花巨资在这里置上一片湖畔别墅，享受一下天堂间的闲情逸趣。成都，西南小城，公馆主人多为执掌一地军政大权的旧时军阀，所构公馆也尽显出山高皇帝远的奢华；重庆，抗战陪都，军政要员、社会名流的寓所公馆遍及山城，只不过战时艰苦，略显寒酸简陋。

林园·元首府邸，平民本色

地址：沙坪坝区双河街解放军通信学院内　　现状：存林森旧居、中正楼等

民国人物，近些年来愈发谈得多了，其面目也变得越来越清晰真实起来。莫说党国元勋、军政要员、学界名流，就连时下的工商人士、乡绅富家也屡见诸笔端，脱离了早先那副为富不仁、唯利是图的丑恶嘴脸。但还是尚有一人，此人身居民国高位十多年，不知是因其少立功勋，少有建树，还是没有多少奇闻怪谈以供大众消遣。总之，多年以来关于他的轶事传记在坊间少有流传。

他叫林森，一位当了十二年国民政府主席的长髯老者。若为林森画像，很是容易，长袍马褂，银髯飘垂，手执一根手杖，慈祥稳重而不失儒雅。林森，福建闽侯县人，早年加入同盟会，辛亥元老，后历任参议院全院委员长、大元帅府外交部长、福建省省长、国民政府委员、立法院院长等职。1931年，蒋介石宣布下野，林森因其崇高威望被推选为国府代主席。次年，林森正式出任国民政府主席一职，并连任十二年，直至在重庆病逝。林森虽贵为国家元首，一国之尊，但其生性淡泊俭朴，力奉简约，生活十足的平民化。林公一生有"三好"、"三不"。即好客、好佛、好古玩，不杀生、不续娶、不蓄私财。南京期间，这国府主席的居所可谓是简陋至极，由于房间太少，他的警卫班只好暂时借住在邻家的空房。出门上班，没有秘书、随从、保镖，甚至连专车都不用，就这样身着长袍马褂、布鞋布袜，拄着手杖走着去国府办公室。这样既可活动活动筋骨，也可随时与民亲近。即便需要乘车外出，也是轻车简从。林公饮食清淡，多以素食为主，尤其是迁徙重庆后，更是一切从简，甚至还规定厨房每天肉钱不得超过两角，尽显其平民本色。

林森自知己所担任的国民政府主席一职实为虚职，不负实际责任，常自嘲为"监印官"、"国府掌印人"。他曾如此说道"我的地位相当于神龛中的神位……国家主席是虚君地位，其意义在于垂拱而治，不该去管的就不要去管，让有办法的人放手去做。"因此他从来不把自己当作国家元首，在公开场合都把领导抗战的功劳归于蒋介石。他不但自己洁身自好，行事低调，对身边的工作人员也是约法三章：一不要荐人，二不要见客，三不要参加宴会。胡适曾如此评价林森："林子超先生把国府主席做到了'虚位'，以至于虚到有的人居然已经'目中无主席'了。"有些人或许会认为林森不过是个傀儡，是个摆设，但恰是他的这种淡泊，这种无为而治，使其与蒋介石之间合作长达十二年。这既是中华民族生死存亡最为关键的十二年，也是国民党高层内部最为稳定的十二年。1943年5月，林森在接见加拿大驻华大使返回途中遭遇车祸，后因头部受伤中风不起，于8月1日病逝重庆，享年75岁。

林园防空洞

林森低调，他在重庆歌乐山下的官邸也十足的低调，多年来少有人至。战时重庆，虽远离枪林弹雨，但日机的轰炸却时时来袭。为了保证蒋委员长的安全，张治中提出在西郊歌乐山下修造一处别墅，作为领袖备用的官邸。1939年底，歌乐山官邸建成，国民政府主席林森前往道贺。林森乃一介书生，生性淡泊，雅好山水园林，当他看见新落成的别墅四周苍松翠柏，古木参天，环境幽雅，不禁连声赞叹。蒋介石见林公如此喜爱，当即将官邸赠予林森，并取名为"林园"。直到林森去世后，蒋介石才迁至林园居住。

中正楼：中正楼，即林园一号楼，为蒋介石当年居住的官邸。中正楼修建于1944年，建筑面积近千平方米，楼高两层。1949年11月30日凌晨，蒋介石挥泪告别了林园，离开了重庆。

美龄楼：即林园2号楼，宋美龄在陪都的主要寓所之一。抗战末期，宋氏赴美，蒋经国曾一度在此居住，同时也是蒋介石的"国宾招待所"。重庆谈判期间，毛泽东及其随行人员曾在此下榻。

美龄舞厅：一栋建于1939年的重檐歇山顶宫殿式平屋，原为林森和蒋介石接见外宾的大客厅。1945年，美国总统特使马歇尔下榻林园，宋美龄曾在此举办舞会，以尽地主之谊。

马歇尔旧居：林园3号楼，原为蒋介石召开会议的场所，后美国特使马歇尔曾下榻于此。

林森官邸：林园4号楼，为当年国民党政府主席林森居住的官邸。

林森墓：林森去世后，国民政府为其举行了隆重的国葬仪式，并将其葬于林园内。中共中央致唁电"林公领导抗战，功在国家"。哪知二十年后，这位"功在国家"的林公墓冢被红卫兵炸毁，尸骸被拖出，焚尸扬灰。同在这一时期，两派同样革命的革命群众和战士就在这林园内发生武装冲突，开枪互射。32人在此次事件中死亡，53人重伤，甚至许多还是在受伤倒地后被对方近距离补射而死。

中正楼

美龄楼

美龄楼

美龄舞厅

林园3号楼

林园3号楼

林森官邸

林森墓

黄山·白云出岫，隐居南山

地址：南岸区黄山　　现状：存云岫楼、松厅、草亭、云峰楼等诸多旧迹

横亘在重庆东面的南山说不上有多巍峨，最高峰也不过仅仅六百余米，但却由北至南临江生出数十座小山峰来，什么汪山、黄山、袁山、蒋山、岱山、老君山、文峰山等。这些大小山头多以某一姓氏为名，如这丁家山，早时丁氏家族的林地；汪山，为留学法国的医生汪代玺于1928年置办下的产业；黄山，重庆实业家黄云亥购买下的山地……

抗战爆发后，国民政府迁都重庆，一批政府工作人员几经勘察后也随即上了南山，购买下黄山一带的山林别墅，接着再大兴土木，沿着山脊修路筑楼，在峰峦松林间构筑起一片清幽的别墅群，先后建有云岫楼、松厅、草亭、云峰楼、孔园、莲青楼等等。这片深藏密林间的别墅群，正是国民政府抗战决策重地之一，反法西斯远东战场的指挥中心。

云岫楼： 位于黄山23号，蒋介石四大官邸之一（其余三处分别位于市内曾家岩、歌乐山林园、巴南南泉）。云岫楼修建于1939年，太平洋战争爆发前数年间，蒋介石长期住在黄山密林间，以避空袭和酷暑。然而就是如此秘密的居所，也被日本人探听到了。1941年8月30日，日军飞机向正在召开军事会议的黄山官邸投下一批炸弹，云岫楼被击中，两名侍卫当场炸死，蒋介石与参会人员急忙躲入防空洞，这才幸免于难。

松厅： 位于黄山12号，距云岫楼五百余米。松厅最早为黄云亥的旧居，后为宋美龄的别墅。别墅乃一围廊式的小平屋，四周松柏簇拥，浓荫蔽日，故得名"松厅"。

草亭： 位于黄山24号，一栋围廊式平屋，阔约百平方米，是蒋介石夫妇接待贵宾的场所。平屋屋顶最初以外国进口茅草覆盖，冬暖夏凉，故得名"草亭"。蒋经国、张治中、马歇尔等曾先后在此居住。解放后，人们拆下茅草，改铺机制大瓦。

云峰楼： 位于黄山23号，本是宋美龄专为宋庆龄准备的寓所，但宋庆龄从未去住过。

孔园： 孔园，建于1939年，为行政院长兼财政部长孔祥熙的私人别墅。孔园阔约六百平方米，拥有大小厅舍二十余间。屋下辟有为躲避日机空袭而修建的地下室，内设大小厅室六间，后改为舞厅，孔二小姐常在此举办舞会，通宵歌舞。

何应钦官邸： 何应钦，黄浦系二号人物，其军中地位仅次于校长。历任中国陆军总司令、国防部长、行政院长等职。抗战期间担任军事委员会参谋长，负责战时的军制、计划和指挥。何应钦官邸与云岫楼邻近，一栋一楼一底的青砖小楼。

周至柔官邸： 周至柔，国民党空军总司令，中国空军创始人。1933年，经陈诚举荐，时任第十八军副军长的周全柔赴欧美各国考察空军教育。回国后出任中央航空学校校长，培养飞行员，购买飞机，建立军用飞机场。至抗日战争爆发前，中国空军已初具规模。周至柔官邸乃一黄色的平屋。

上清寺·官邸林立，陪都之中枢

抗战期间，随着国民政府迁都重庆，这座偏处西陲的小城便成为中国乃至世界的名城。一时间，还未来得及准备的重庆城便被来自全国各地的军政要员、社会名流、文化精英、外国使节、商界巨子塞得是满满当当，名人故居遍及山城的大街小巷。

俗话说，物以类聚，人以群分，重庆的故居旧宅也自然呈现出这一特性。其中，军政要员和外国使节主要居住在上清寺和两浮路嘉陵新村一带。后因躲避日机轰炸，纷纷迁出城区，在南泉、南山、歌乐山等地构建公馆。文化精英和社会贤达的寓所则紧邻文化机构和大中学校，如枣子岚垭、沙坪坝和北碚。上清寺到曾家岩一带，算是重庆的新城区，也是陪都时期的政治文化中心。短短两三里的地界内聚集着国民政府及所属各行政部门的办公机构，如国民政府、行政院、考试院等国家的最高权力机关。与之比邻而居的也皆是党国声名赫赫的人物，如蒋介石、宋美龄、张治中、李宗仁、戴笠、宋子文、戴季陶、潘文华……

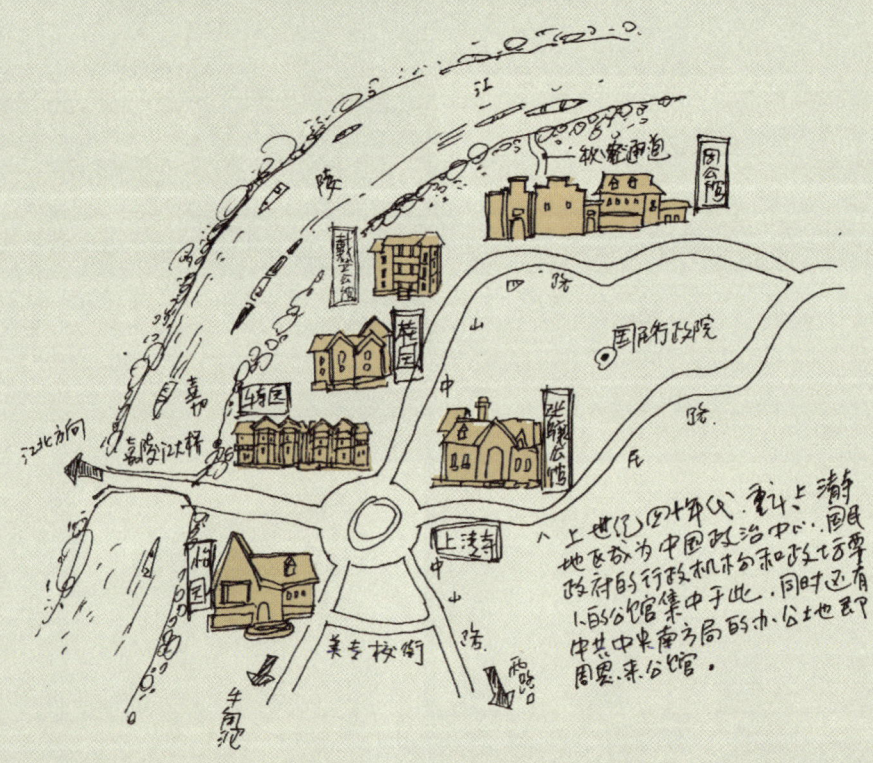

上世纪四十年代，戴上清寺地区成为中国政治中心，国民政府的行政机构和数百重大居名公馆集中于此。同时还有中共中央南方局的办公地即周恩来公馆。

民主之家特园

周公馆　　地址：渝中区中山四路曾家岩50号　　现状：八路军重庆办事处旧址

1938年冬，中共中央南方局由武汉迁至重庆后，为便于工作，周恩来以个人名义租赁了这栋房子，作为南方局在市内的一个主要办公地点。小楼地处街巷尽头，右侧为国民党军统局局长戴笠的公馆，左侧是国民党警察局派出所。楼房内，中共代表团仅租赁了一、三两层楼，二楼的大部分和底层门厅旁的厨房，均为国民党人居住。

警察局　　地址：渝中区曾家岩周公馆左侧　　现状：民房

周公馆的左邻为旧时的警察局，两层的青砖小楼。大门匾额上残有字迹，"从善如流"。因与周公馆仅一墙之隔，多少也沾了些名人的光，上上下下被好生粉饰一番，老砖也换成了刚出窑的新砖。但老楼的内部和背面无游客前往，故还保持着原貌。

戴公馆　　地址：渝中区中山四路85号　　现状：居民大杂院,现修缮一新

距周公馆仅数步之遥的这栋老楼，生得毫不起眼，既无华丽的装饰，也无敞阔的庭院，仅仅只是普普通通的一栋旧式建筑。三层，通柱，中间置檐廊，仅此而以。老楼的主人却非同寻常，一个能在任何时候、任何地方与蒋介石见面的人物，军统局局长戴笠。戴笠局长大家并不陌生，书里戏里多爱拿他来说事。身肩特殊使命的戴笠深知，后世对他的评说将扑朔迷离，毁誉参半。但他未必能猜到，他曾经的秘密公馆在后世竟挤进去了数十家住户，且还日日怨声载道。

尧庐一号　　地址：渝中区中山四路36号市委大院　　现状：现为市委体改委

尧庐，原为张群的公馆，后为蒋介石在市内官邸，是蒋委员长处理内政外务的主要场所之一。尧庐是一栋两层的中西合璧式别墅，内有先进的办公设施，以及严密的防护体系。曾家岩的尧庐为蒋介石在重庆的四大官邸之一，是其最核心的住所。许多重大的政治、军事、外交决策，都在这里酝酿和拍板。

尧庐二号　　地址：渝中区中山四路36号　　现状：现为市委办公大楼

尧庐二号，曾为宋美龄的寓所。1945年国共谈判期间，国共两党曾在这栋小楼里举行过四次谈判。建国后，刘伯承、贺龙曾在此楼居住。

康庐　　地址：渝中区中山四路36号市委大院　　现状：现为市委办公大楼

康庐的主人名叫康心如，老同盟会会员，1927年出任美丰银行总经理，曾任重庆银行公会主席。

李宗仁旧居　　地址：渝中区中山四路36号市委大院　　现状：现为市图书馆资料部

李宗仁，台儿庄一役使其名声大振，成为抗日名将。后官至中华民国副总统、代总统。

桂园　　地址：渝中区中山四路107号　　现状：国共谈判纪念馆

桂园与戴公馆邻近，原是国民党上将张治中先生的公馆，因院内有两株桂花树而得名。桂园占地约七百平方米，青砖乌瓦，百叶长窗。一楼会客厅即当年国共谈判期间，与毛泽东、周恩来等代表进行谈判和签订"双十协定"的地方。

周公馆,即八路军重庆办事处

与周公馆仅一墙之隔的警察局驻地

警察局内景

已沦为平常人家的旧时警察局

戴笠公馆,同样的寻常百姓家

张治中将军的桂园

桂园客厅

潘公馆　　地址：渝中区中山四路81号　　现状：重庆市妇联办公楼

耸立在上清寺新区的各式公馆中，也少不了重庆第一市长潘文华的官邸。潘文华乃四川仁寿县人，著名的川军将领，戎马一生。潘公任重庆市长期间，对这座城市的建设可谓功不可没。1949年，与刘文辉一道通电起义。潘公馆修建于1927年，为三层的新派建筑。

陶园　　地址：渝中区中山四路11号　　现状：现改建为人民小学

陶园为国民党元老戴季陶的别墅，戴季陶曾任国民政府考试院院长一职。1937年11月国府迁渝后，考试院曾进驻陶园内，1939年因日机轰炸移至歌乐山。

张公馆　　地址：渝中区上清寺电信局内　　现状：为电信局使用

张公馆位于上清寺转盘处，它灰灰的坡屋顶被沿街一栋栋新建筑夹在了中间。公馆青砖灰瓦，小巧别致，平面布局复杂而多变。坡屋顶的斜度很大，设有阁楼，屋顶造型呈三角形。张公馆的主人名叫张骧，原四川省主席张群的四弟，历任九江电报局长、湖北电政监督、汉口电报局长、川康电政监督、重庆电报局长、成都电报局长。反正一生都在与电报打交道。重庆解放后，他的公馆也自然归了电信系统。

怡园　　地址：上清寺新四路19号　　现状：现为上清寺派出所

怡园是栋由条石砌成的西式小洋楼，一楼一底，圆弧窗，坡屋顶，占地近四百平方米，更像是栋美式的乡村小别墅。怡园的主人乃中国的财神爷宋子文。长期担任国民政府财政部长的宋子文在重庆曾有三处公馆，且三处皆存。一是位于嘉陵新村3号的别墅，后改为了史迪威将军的官邸；二是龙隐路的绿院，因年久失修早已破败不堪；三就是这怡园。1946年10月10日上午9时，在美国特使马歇尔的主持下，国共两党代表张群、周恩来在怡园签订了《关于停止国内冲突的命令和声明》，成为国共两党重庆谈判的重要旧址。

特园　　地址：渝中区上清寺嘉陵东村37－49号　　现状：面临拆迁

上世纪四十年代，重庆上清寺地区成了中国政治活动的中心。国民政府的行政机构和政坛要人的公馆纷纷集中于此，在这些名人公馆和驻地中，有一个人和一个地方我们不应忘记，那就是人称"孟尝君"的鲜英及其被誉为"民主之家"的特园。

来到特园，是在一个细雨淅沥的时节。原本青灰的老楼成了深黛色，院子里静得出奇，湿漉漉的青石板地面，黑灰的青砖老墙，布满灰尘的阁窗，高大的堡坎，一切都弥漫着一种古旧的气息。唯有老墙上那一抹刚刚用大红油漆书写的"拆迁办"，极为鲜亮夺目。如今的特园，已是人去楼空，拆迁办的工作人员或许是这里的唯一住户。

特园建于1929年，由达观楼、平庐和康庄三处主要建筑构成。达观楼旧址坐落在嘉陵西村，占地面积约三亩，是一座三层的青砖楼房。如今的达观楼已不复存在，被一栋简陋的红砖平房所代替，鲜家后人仍居住于此。现在存留下来的仅仅是特园的一小部分康庄。康庄坐落在嘉陵东村，从上清寺转盘往嘉陵江大桥方向走

重庆首任市长潘文华官邸 　　　　　　　　　　　　　　　　　　　特园

民主之家特园

张骧公馆

宋子文的怡园 　　　　　　　　　　　民主之家特园

不了几步就到了。康庄建在高高石基上，由四栋三层青砖楼房组成。大门处被后来人用红砖砌了堵矮墙，仅留有一道小门便于出入。两根石质罗马柱头至今还保持着原来的模样，整个建筑风格较为西式，圆柱头、尖顶，两两相连，分别编为一、二、三、四号楼。

在国共合作期间，特园一直为民主人士的活动场所。冯玉祥、张澜、梁漱溟等社会名流长期出入于特园。1941年2月，中国民主同盟就成立于此。1949年9月2日，民主同盟在特园设宴招待中共代表团。民盟主席张澜，以及沈钧儒、左舜生、罗隆基、章伯钧、黄炎培、冷御秋、张申甫等出席宴会作陪。到会的毛泽东感慨道："这是民主之家，我也到家了。"还称特园有"三绝"，一是董必武起的名，二是冯玉祥题的字，三是张澜写的楹联。当然，"民主之家"也仅存在于那个时期。现在的民主之家已写满了"拆"字，至于"三绝"，除了名字还延续至今外，题字和楹联早已无存。

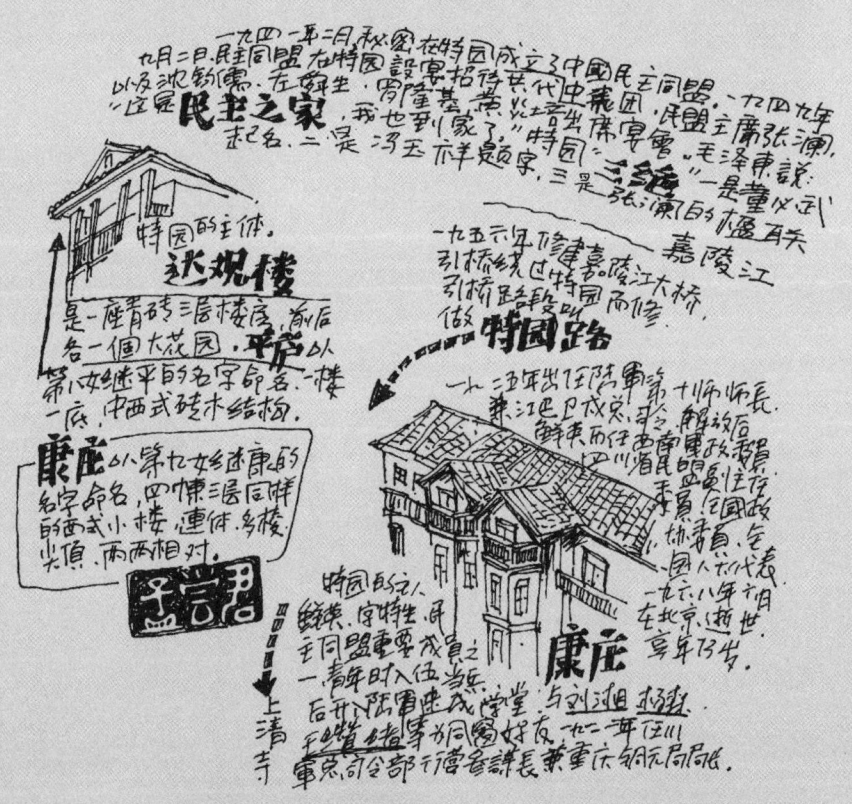

民主之家特园

枣子岚垭·群英聚首，海纳百川

因码头的缘故，千百年来，这座城市的主角始终都是那些贩夫船工、袍哥大爷舵把子。日日上演的也多是码头上的恩恩怨怨、江湖情愁。以至于重庆人的脾气秉性在全国是出了名的火暴刚烈（下到八九岁的小崽儿，上到八九十岁的老汉，男男女女，老老少少，个个如此。不过近些年猛刮日韩风、三性风，新一代重庆人的刚烈已是大不如前了）。然而抗战的八年，这陪都上上下下却成了文化人的舞台。

陪都时期的重庆城很是热闹，不是那种喊号子、打码头的喧闹，而是重庆历史上前所未有的一种文化活跃和繁荣。那时节，文物展、绘画展、书法展、摄影展是频频举办；戏剧节、音乐节、文艺节、美术节、诗人节、教师节是接连不断；讲演会、招待会、报告会、座谈会、纪念会、庆祝会更是日日都有。文艺界抗敌协会、戏剧界抗敌协会、美术界抗敌协会、音乐界抗敌协会、木刻抗敌协会、漫画家抗敌协会、中苏文化协会、中美文化协会、中缅文化协会、中法比瑞文化协会、东方文化协会、中华交响乐团、中国著作人协会……一百三十多个全国性的文化团体先后齐聚山城。诗人、作家、画家、音乐家、戏剧家、电影人、哲学家、历史学家等社会各界精英名流纷纷云集陪都。他们分别以各自不同方式宣传抗战，武装人们的精神，鼓舞全民族抗日的决心。

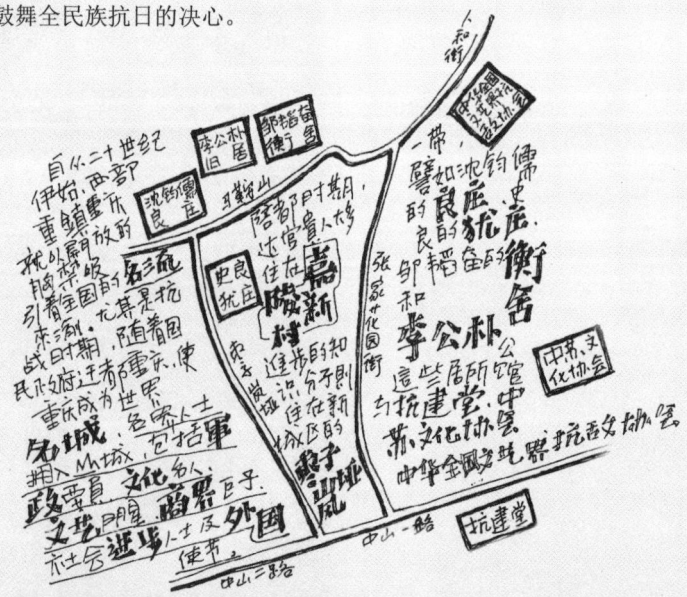

沈钧儒旧居良庄

新老城区结合部的观音岩成了战时文化宣传的中心和舞台。1937年12月,中苏文化协会迁至观音岩;1938年8月,汇集着中国文化界精英的"中华全国文艺界抗敌协会"入驻枣子岚垭旁的张家花园65号;1938年12月,郭沫若和全面负责抗日宣传工作的"军事委员会政治部第三厅"机关一起入住观音岩下张家花园;1940年4月,大后方的话剧中心抗建堂在观音岩纯阳洞建成。而观音岩一带的丘地间则散居着那些为军民鼓气、为民族呐喊的文人志士,其中尤以枣子岚垭马鞍山一带最为著名。当时抗日救国会最著名的"七君子"及其同仁几乎都居住在枣子岚垭附近,如沈钧儒、李公朴、邹韬奋、史良、黄炎培、史东山、应云卫等,枣子岚垭成了民盟主要成员的聚居区。半个世纪过去了,这些名人的旧居渐渐消失殆尽,唯有沈钧儒先生的良庄和李公朴先生的旧居幸存了下来。

良庄　　　地址:枣子岚垭马鞍山村18号　　　现状:居民大杂院

进入马鞍山村后,有一段缓缓的石梯小巷,巷的两侧砌着青砖的围墙,依着石梯的起伏一路逶迤延伸。幽巷的尽头藏着一处镂花门楼,这便是良庄了。良庄不大,小巧朴素,两层的小楼坐西向东,侧身对着大门。

良庄原为二十一军军长刘湘部将何金鳌的公馆。1938年10月,沈钧儒先生来到重庆,租下良庄二楼的几间房屋用以居住,这一住就是八年,直到1946年才携家眷返回了上海。就在沈钧儒搬入良庄三个月后,中共南方局外事组的负责人王炳南,也以其夫妇的名义迁来良庄,与沈钧儒为邻,以方便开展国际统战工作。沈钧儒寓居良庄期间,茅盾夫妇、沙千里、张申府等民主人士也曾长期住在三楼的亭子间上。昔日的大儒寓所如今已挤进去了十多家租赁户,院里院外、楼上楼下都被塞满了杂物,一派破败相。可曾想过,毛泽东、周恩来、冯玉祥、于右任、黄炎培、陶行知、邹韬奋、梁漱溟、沈雁冰、沙千里、章伯均等名流们当年出入时的情景。

李公朴旧居　　　地址:枣子岚垭马鞍山村28号　　　现状:民居

与沈钧儒旧居一墙之隔的拐角处,便是李公朴先生的旧居。小院依地就势而建,青砖围墙顺着山坡一溜排开,墙内那些不知名的枝、藤、叶、蔓一个劲儿地往外窜,势不可阻。若到花开的时节,园子里又该是怎样的春色呢?

衡舍　　　地址:枣子岚垭马鞍山村　　　现状:已拆除

衡舍位于李公朴旧居旁,七君子之一邹韬奋的寓所。后被拆除。

犹庄　　　地址:枣子岚垭正街98-2号　　　现状:已拆除

犹庄也是一楼一底的民国式洋楼,坐东朝西,中国著名的女律师、七君子之一的史良在重庆期间就一直住在这里,只可惜后被拆除。

李公朴旧居

嘉陵新村·峭崖间的重重官邸

从上清寺沿江西行三四里,即到了鹅岭、佛图关的北坡。这里临着嘉陵江,山崖陡峭,虽不及上清寺方便热闹,但林木苍苍,空气格外清新,是城郊难得的一片静谧美地。抗战事起,一切的美好都成了泡影。此时人们最渴求的已不再是山光水色的幽恬,而是如何躲过日军空袭时从天而降的炸弹。佛图关北坡的峭壁下成了人们的首选,纷纷来此置下一处屋宅,于是就有了后来的嘉陵新村。

嘉陵新村背依佛图关,面朝嘉陵江,山脚连着李子坝,是一片有着七八十年历史的老住宅区。整个住宅区凭山势而筑,高高低低,起起伏伏,一条公路上上下下盘了三层,才上到新村的顶端。中间还开凿有一道躲避空袭的防空洞,呈环状,至今尚存,现加油站使用。如今新村中的平屋和楼房几乎都是建国后陆续兴建的,虽然也是高高低低,错落有致,虽然也是简洁朴素,但总没有以前老屋所透出的那份韵致。嘉陵新村如今还保留有少许当年的老旧公馆和屋舍,但有名有姓的却仅有这两栋徐公馆和圆庐。

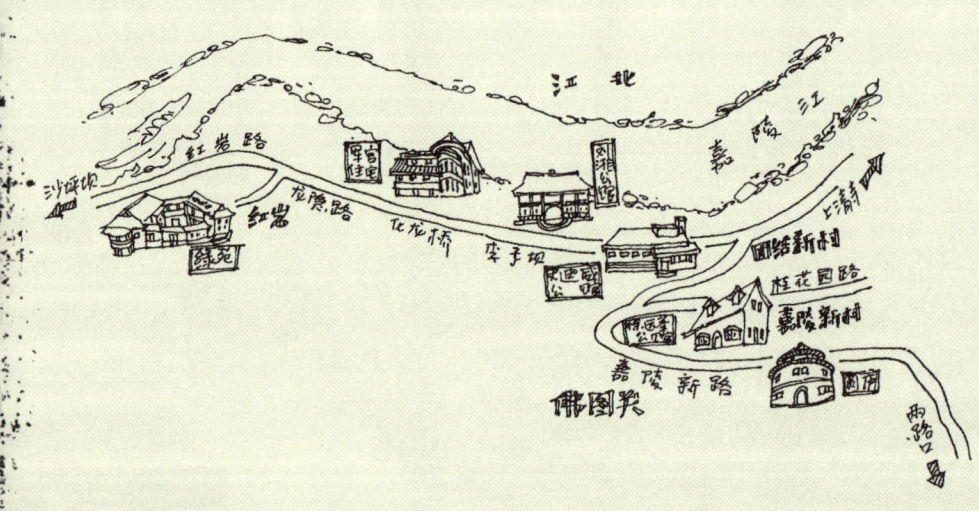

嘉陵新村的民国老楼　　　　　　　　　　　　嘉陵新村

嘉陵新村　　　　　　　　　　　　徐鹏飞的原型徐远举公馆

徐公馆　　地址：渝中区嘉陵新村73号　　现状：民房

徐公馆按理说与公馆的标准差得很远，一楼一底的小楼，低矮破旧，后靠山崖，前为堡坎，既没有高耸的山墙门楼，也没有花木扶疏的庭院，屋前仅有一条宽约两米的小径，以及一株需两三人才能合抱的黄桷树。若不是石砌的外墙、微凸的木格大窗、屋顶上耸着的老虎窗，还真容易将其与相邻的平屋混为一体。老屋曾经的主人姓徐，名远举，湖北大冶人氏，黄埔军校第七期学员，任原国民党西南长官公署第二处处长兼西南特区区长。简单地说，就是《红岩》里头号大特务徐鹏飞的原型。至于这一形象，相信每一个中国人都是熟悉的。而对他的解读，唯有"狰狞"二字。如今站在徐远举的公馆前，斯人已去，物是人非。

圆庐　　地址：渝中区嘉陵新村190号　　现状：民房

圆庐虽身处旧时的高级住宅区，但岁月荏苒，当年的高级住宅区也早已失去了昔日的幽静与浮华，呈现更多的却是无序、杂乱和萧条。繁杂的地貌以及没有规律的门牌号更是让人找不着北。我们不断地向当地住户打听，也不停地在这密如蛛网的小巷石阶中反复穿行，最后终于在一居民楼围合的台地上找到了这栋名叫"圆庐"的房子。

圆庐是栋极为特别的建筑，圆形，上覆两层小青瓦，微微泛黄的墙体，很似乡镇上的粮仓。圆庐直径约十七米，分内外两圈，外圈上下两层，被平均分隔为多间房屋，如今分别住进了十一家住户。内圈空间高敞，高七八米，顶上有六扇小窗可将天光引入。庐内有四道小门与外圈房间相通，也自然成了这十一家住户的公共厨房。各种款式的灶台、水槽充斥其间，锅碗瓢盆、案板笤帚等厨房器物也塞满了各个角落。高大雪白的圆壁被油烟长期熏烤，早已变得斑驳不堪，乌黑油腻。身在其间，恍如落进了一口深邃阴暗的大井。

关于这座圆庐，我们深感疑惑。这完全有别于我们日常所见公馆别墅的格局。哪里是客厅？哪里是卧室？哪是里书房？哪是里厨卫？疑问多多。出来后，一位在此居住了四五十年的退休老伯和我们攀谈了起来。他很健谈，连珠炮似的给我们讲起了圆庐的历史，也解答了我们对这栋圆房子的疑惑。圆庐的主人来头可不小，当年国民政府的立法院院长孙科。孙科修这座圆形房子不为居住，而是用于交际娱乐，实际上就是一座私人舞厅。旧时的圆庐，居高临下，可俯视嘉陵江，住在附近的官绅名流、外国使节们经常在这里聚会娱乐，以缓解长期战事所带来的压力。

新中国成立后，舞厅收归了国有，并分给了那些无房居住的市民。曾经是绅士淑女们翩翩起舞的小舞池，如今却成为了小老百姓们跳"锅边舞"的小厨房。

立法院院长孙科建造的圆庐

圆庐现已更为宿舍,中间的圆形大舞厅成了住户们的公共厨房

李子坝·江防驻地，战时住宅区

　　李子坝位于嘉陵新村的山脚下，再往下即化龙桥、龙隐路、红岩村。这长约十里的沿江狭长地段北临嘉陵江，南靠佛图关，山高林密，地势尤为险要，本是一片荒芜的坡地。上世纪三四十年代，那些民国高官们因此地毗邻重庆的政治文化中心上清寺，便于交通和联络，再加之此处地偏人稀，林木茂密，可躲避日军的空袭，于是在这一沿江地带秘密修建了许多临江公馆和别墅。如宋子文、何应钦、孔二小姐、史迪威、刘湘、贺国光……各国使馆人员的娱乐场所国际联欢社也设置于此，时称"第八区"。李子坝和佛图关因地势险要，威慑两江，是进入渝中半岛的要塞，因此一直为军方防御部队的驻地，明碉暗堡、岗亭哨所遍布江岸崖壁，直至今日，仍留有刘公馆、团级军官驻地，以及一座江防碉堡。

刘公馆　　地址：李子坝正街186号　　现状：造纸研究所

　　刘公馆原为清末最后一任川东道尹柳善的府第，后卖给刘湘作为二十一军的办公地和接待政客的地方。刘湘，川军中的著名将领，后驻防重庆、璧山等地，被送绰号"巴壁虎"。 1932年，刘湘登上了四川省主席的宝座。"七七事变"次日，川军主帅刘湘即电呈蒋介石，请缨抗倭，并亲率三十万川军开赴前线。只可惜出师未捷身先死，因病在汉口去世。1939年9月19日，国民政府为刘湘举行了国葬。

　　刘公馆一楼一底，外置檐廊，其门廊呈圆弧形，只可惜廊顶已不存，仅遗下弧形的台阶和护栏，以及两根悬空而立的柱头。据说这栋小楼只是刘湘作为办公接待之用，而他们夫妇二人平日里都住在楼旁那个挖有地道的简易平房里。

李子坝正街

壁上残留的工农兵浮雕

川军将领、重庆防空司令李根固公馆

江防碉堡

刘湘公馆

刘湘公馆

刘湘公馆

刘湘公馆

团级军官住宅　　地址：李子坝正街　　现状：画家之村，后拆除

　　在旧城改造的废墟和油腻的厂房包围之中，藏着一处鲜为人知的地方画家村。我们和门卫随便打了个招呼，便轻松地走进小院。铁栅栏门隔着两个完全不同的世界，外面污秽繁杂，画家村里面却空气清新，环境宜人。院里稀疏地排着几栋老房子，爬山虎肆无忌惮地长满建筑的老墙，落叶无意地被风吹到墙根，地毯似的青苔铺满石阶。

　　闻着墨香，信步走进老艺术家林老的画室。林先生已是84岁的高龄，陕西人，年轻时就在延安解放区从事木刻艺术，解放后随军南下，留在重庆的四川美术家协会继续搞创作。据林老讲，画家村是1953年组建的。以前这里是民国时期国民党团级将领的住所，大概有五六栋，都是一楼一底相同制式的西式洋楼。这里环境优美，风水也好，坐落在嘉陵江边，背靠佛图关，是一处不可多得的清闲之地。重庆直辖以后，一部分画家迁回了成都，现在只剩下几个离退休老艺术家。他们中年龄最小的也是六十好几的人了。老人留下来的原因很简单，也很感性。他说他喜欢重庆，这里有山有水。说到画家村，老人很伤感。一座名为"嘉华大桥"的桥墩即将踩过画家村，这里必须搬迁。

　　数年后再至李子坝正街，没了过去的杂乱，一片"李子坝抗战遗址公园"成了这一带的新景。园内遗迹不少，国民政府军事参议院、交通银行、交通银行学校印刷厂、金库等等，全都是新新的，丝毫没有遗迹所谓的沧桑感、岁月感。早些年所走访的刘湘公馆也被移来归入了其中，同样是一楼一底，仅余两根门廊柱头的老式公馆，但已不是曾经的那座。五六栋团级军官住宅没名没姓，更没抗日名将坐镇其间，那自是立马拆除，不留痕迹。

红岩村·瓜果农场到革命圣地

　　嘉陵江水自北而来，经瓷器口，越松林坡，再过石门，一路奔涌，却在化龙桥一带遇上一坡凸立的山岩，不得不绕过山岩，再继续向东流去。山岩乃侏罗纪时期形成的砂岩，因色呈赭红，故得名"红岩嘴"。

　　红岩嘴一带虽远离市区，地偏人稀，但土质肥沃。上世纪三十年代，一饶姓的女子购下这坡荒地，开办农场，种植水果。后来，中共南方局的工作人员来到这里，租下农场的楼屋，从事秘密的地下工作，这一干就是八年。再后来，他们成了开国的勋臣，这片红色的土地也从此成了革命的圣地，世世代代受人追忆和缅怀。

大有农场　　地址：渝中区红岩村　　　　现状：保存完好，现为红岩村革命纪念馆

　　简单说，这位饶姓的女子就是当年红岩村的主人，是中共南方局和八路军驻重庆办事处的房东。饶国模，出生于四川铜梁一书香门第家庭，她的二哥饶国梁早年加入同盟会，后参加广州起事，英勇就义，是著名的黄花岗七十二烈士之一。饶国模后随夫来到重庆，丈夫刘国华出任县太爷以及刘湘的经济顾问，饶国模则自创三友实业社，开始经商，一来二去，倒也赚了不少钱。1930年，饶国模购下城郊红岩嘴的大片山地，种植柑橘、枇杷、甜橙、鸭梨、葡萄等水果，并取了名字叫"大有农场"。就在农场开办的第二年，"九一八事变"爆发，各界群众踊跃募捐，饶国模则将农场二期的投资全部捐出，成了重庆个人捐款的最高纪录。1939年，中共南方局租下饶国模新建的三层楼屋，作为日后南方局和八路军办事处在重庆的驻地。从此，红岩村因八路军办事处而扬名天下，成为一种精神的象征。

饶国模旧居

中共中央南方局和八路军驻重庆办事处

绿苑　　地址：龙隐路红岩村重庆电器厂内　　现状：闲置

说了红岩，再说绿苑。绿苑主人宋子文，宋庆龄的弟弟，宋美龄的哥哥，而他自己则任国民政府行政院院长、财政部长。宋子文长期主理中国的金融财务，由于身份特殊，一直以来关于这位"世界首富"就传闻不断。什么四大家族、窃国首富、徇私舞弊、傲慢狂妄、挥霍无度、假公济私……种种传言扑面而来。面对这些传闻，宋子文则处之泰然，"外界于我之毁谤，毫不在乎；为国家民族之责任，淡然处之。"

宋子文在重庆期间曾住过三处寓所，一处位于嘉陵新村，后让给史迪威将军使用。一处位于上清寺新四路，主要用于外事活动。而其真正用于栖身久居的要算是坐落在嘉陵江边上的绿苑了。绿苑远离闹市，高高地立于陡峭的山崖上，崖下是滔滔不绝的嘉陵江水。背靠山脊，北临江水，四周绿树成荫，虽隐蔽却视野极好。绿苑虽说是宋子文重庆三处公馆中最大的，也是宋子文在重庆的久居之所，但其归宿却远远不及前两处。怡园和嘉陵新村官邸均作为纪念馆保护了起来，而绿苑却这样废弃在了厂区的尽头。

绿苑是一座平面呈梯形状的围合式建筑，占地约五百平方米。其大门敞阔，呈牌楼状，石砌的柱头，门额上方的墙灰已剥落了许多，裸露出一根根的灰板条。主楼为一楼一底的砖木结构洋楼。穿过半圆的弧形门廊，进入大门，满目皆是废弃的家具和垃圾，原本还算宽敞的楼道已被各家的弃物塞得难以通行。解放前夕，绿苑的主人带着诸多遗憾离开了这里，老宅一下成了空楼。短暂的沉寂后，绿苑在锣鼓喧天声中迎来了它新的主人——数十位电器厂的职工。这些年轻的工人带着简单的生活用品来到绿苑，安家落户，一住就是五十多年。当年的棒小伙、俏姑娘一晃儿都成了老头老太太，老公馆也在漫长的岁月中沦为了危房。

半个多世纪过去了，曾经的豪华大客厅、小客厅、餐厅、卧室被分隔得七零八落。浮华逐渐褪去，老宅也慢慢显得破败不堪，发黄的墙体，斑驳的四壁，早已成朽木的门窗，生满青苔的台阶……

绿苑全景

绿苑大门

绿苑主楼

已改为电器厂宿舍的宋子文公馆

绿苑主楼弧形露台

歌乐山·密林深深，瓦舍丛集

　　歌乐山峰峦叠嶂，环境优雅，位于重庆西侧，是重庆城的天然屏障，也是通往成都的必经之路。得天独厚的地理位置，吸引了国民政府的军政机关、社会团体、学校以及医院等迁建于此。一时间，僻静的歌乐山成了陪都文化的中心。这里集中了全国的上层名流和社会精英。从南麓山洞一直沿着山脉延伸至北麓，星罗棋布地散落着这些名人旧居。经过几十年的风风雨雨，这些藏有故事的老房子或拆或改，早已失去了当年的丰韵。有的挤在大大小小的居民区里，有的分散在田间地头，有的藏在茂密的树林里……除了少数几处豪华官邸外，很多旧居都和普通民居农舍没有两样，青砖青瓦，简单朴实。

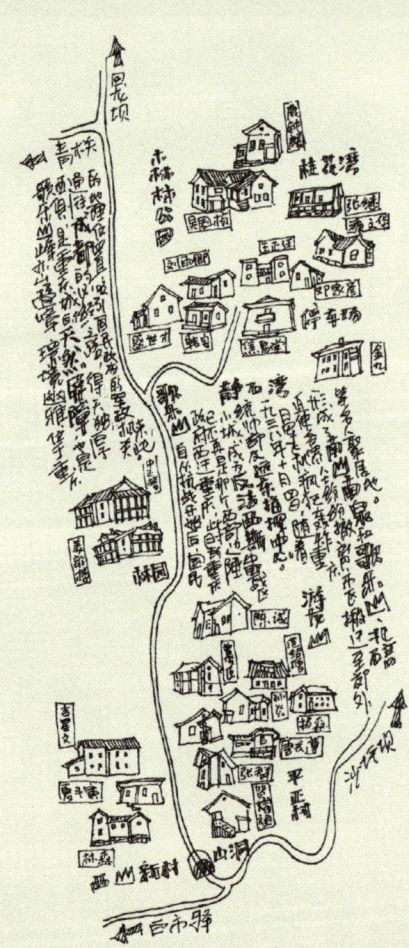

范绍增公馆　　地址：歌乐山山洞平正村31、32号

范绍增，一位川军中的传奇人物，人称"范哈儿"，13岁入袍哥，闯荡江湖。1911年加入同盟会，后任国民革命军第20军第7师师长。

吉星文公馆　　地址：歌乐山山洞西山新村9号

吉星文，河南人。早年投吉鸿昌部当兵，因功升至团长。1937年7月7日卢沟桥事变爆发，他率部打响了全民族抗战的第一枪，与日军血战二十余天。

夏斗寅公馆　　地址：歌乐山山洞西山新村5号

夏斗寅，湖北麻城人。1906年加入同盟会，辛亥起义新军大队长，后历任国民党军队团长、旅长、师长、军长、湖北省政府主席、武汉警备司令、重庆行营总参议等。

曾俊臣公馆　　地址：歌乐山山洞平正村42号

曾俊臣，四川威远县人，民国时期著名的盐商，开明绅士，重庆盐帮公会会长。

贺耀祖公馆　　地址：歌乐山山洞西山新村4号

贺耀祖，湖南宁乡人。两次留学日本，加入同盟会。历任南京卫戍司令、国民政府军长、参谋次长、甘肃省政府主席、重庆市长等职。

金九公馆　　地址：歌乐山桂花湾1号

金九又名金昌洙、金龟，抗战时期大韩民国流亡政府总理。中日战争发生后，大韩民国临时政府从镇江到长沙再到广东、柳州，于1938年随国民政府西迁重庆。1945年，金九与临时政府国务委员一起归国。

邓家彦公馆　　地址：原歌乐山停车场1号

邓家彦，广西桂林人，1902年加入中国同盟会，1908年赴美国留学。曾任中央宣传委员会委员、国防最高委员会常委、国民政府国史馆委员会委员。

韩安公馆　　地址：歌乐山保育路138号

韩安，著名林学家，中国近代林业开拓者之一，中国出国留学生中第一个林业硕士学位获得者。中国的第一个植树节由他而发起。主持创建了中国第一个林业科研机构中央林业实验所。

焦易堂公馆　　地址：原歌乐山林庙路

焦易堂，陕西武功县人。就读于法政专门学校，并加入中国同盟会。1928年任国民政府立法院立法委员，兼任最高法院院长。此后历任国民党第五、六届中央执行委员。1930年，出任中央国医馆第一任馆长。为中医事业的生存和发展做出了重要贡献。

刘雨卿公馆　　地址：歌乐山保育路136号

刘雨卿，四川三台县人，国民党陆军中将，历任29军军长，23集团军副总司令。

鹿钟麟公馆　　地址：歌乐山桂花湾18号

鹿钟麟，河北保定人。国民政府军政部部长，兵役部部长。

盛世才公馆　　地址：歌乐山保育路135号

盛世才，辽宁开原县人。两度到日本学习。原新疆省主席，被称为"新疆王"。

王正廷公馆　　地址：原歌乐山停车场9号

王正廷，浙江奉化人，1908年留学美国耶鲁大学。先后担任南京临时政府参议院副议长，北洋政府工商部次长、外交总长、代理内阁总理等职。王正廷是中国第一位国际奥委会委员，率团先后参加第11届和第14届奥运会。

吴国桢公馆　　地址：歌乐山桂花湾17号

吴国桢，湖北建始人。早年留学美国普林斯顿大学，曾任重庆市市长兼防空副司令。

张继公馆　　地址：歌乐山桂花湾14号

张继，河北沧州人。曾任国民党党史编撰委员会主任、国史馆馆长。

孙炎公馆　　地址：歌乐山山洞平正村64号

孙炎，河南长葛人。国民党陆军大学飞行专业少将教官，爱国将领。

张群公馆　　地址：歌乐山新生路21号

张群，四川华阳县人。张群是国民党元老，中华民国的开国元勋。历任上海特别市市长，湖北省、四川省主席，"行政院长"，"总统府秘书长"，"资政院资政"等要职。

刘航琛公馆　　地址：歌乐山新生路6号

刘航琛，四川泸县人，他亦官亦商，曾任四川省财政厅长、行政院粮食部政务次长、经济部长。

陈诚公馆　　地址：歌乐山山洞平正村117号

陈诚，浙江省青田县人，国民党一级陆军上将，国民政府军委会政治部部长、军政部部长，参谋总长。

唐式遵公馆　　地址：歌乐山山洞平正村33号

唐式遵，四川仁寿县人，国民党高级将领，曾任川军刘湘部队第21军军长，国民党第33集团军总司令、第三战区副司令长官。

潘文华公馆　　地址：歌乐山山洞平正村75号

潘文华，著名的川军将领，重庆市第一任市长。1949年与刘文辉一道通电起义。

杨森公馆　　地址：歌乐山山洞平正村53号

又名"谷芳山庄"。杨森，重庆市最后一任市长。杨森一生颇具传奇色彩，曾任四川省主席、贵州省主席。其艳情史广为流传，仅明媒正娶的妻妾就达12位，生有子女43人，尤其是在他90高龄时依然雄风犹存，纳妾生女，在海内外传为奇谈。

何应钦公馆　　地址：歌乐山小木鱼堡游龙山20号

原为刘湘别墅。别墅位于林园和山洞之间，取名"小木鱼堡别墅"。与潘文华、杨森公馆为邻。何应钦，黄浦系二号人物，其军中地位仅次于蒋介石。历任中国陆军总司令、国防部长、行政院长等职。

孔二小姐公馆　　地址：歌乐山桂花湾红军休养所内

孔二小姐，本名孔令俊，行政院长孔祥熙的二千金，刁钻蛮横，行事怪异，女生男相，被人称作"民国第一混世魔女"。此人常利用自己的特殊身份大发国难财，在重庆可谓尽人皆知。

其他公馆旧居

蒋介石官邸　地址：巴南区南泉街道小泉　　现状：现为小泉宾馆

蒋介石在重庆的四大官邸之一，原为川军将领唐式遵所有。中央政治大学迁来小泉后，教育长陈果夫在临花溪河边修建一栋西式平房，供蒋介石休息之用。

林森别墅　地址：巴南区南泉街道虎啸村　现状：废弃空置

抗战期间，国民政府迁都重庆，划南泉为迁建区，大量军政机关纷纷迁至南泉。国民政府主席林森雅好山水，蒋介石特地命孔祥熙在南泉东南数百米外的山腰上为林森修建别墅。林森别墅阔约五百平方米，一楼一底，内有大小厅室15间。

孔园　地址：巴南区南泉街道虎啸村　现状：闲置

孔园为国民政府行政院长兼财政部长孔祥熙的官邸，与林森别墅相邻，主体建筑阔约六百平方米，一楼一底，石廊回曲，有大小厅室22间。

竹居　地址：巴南区南泉街道小泉园区　现状：现为保利小泉集团物管大楼

陈果夫、陈立夫二人在南泉修建的两处别墅之一。原为阮氏家族的小泉行馆，后中央政治大学迁来此地。时任该校教育长的陈立夫即在此选地造屋，取名"竹居"，又称"竹林别墅"。另一处"白鹤林别墅"已无迹可寻。

唯庐　地址：巴南区南泉街道小泉园区　现状：现为会仙楼集团长期租用

建造于1938年，系川军将领曾子唯的别墅。曾子唯后致力于金融和工商业，曾先后担任川盐银行、中和银行、自贡裕商银行、四川建设银行董事长，后又任重庆盐业银行行长、四川建设银行董事长与四川省造币厂厂长，乃重庆大学校董之一。

冯玉祥旧居　地址：渝中区歇台子后勤工程学院　现状：后勤工程学院用房

"布衣将军"冯玉祥在重庆的住所有好几处，中山三路的巴县中学、歌乐山的桂花湾、特园康庄2号，以及郊外的白鹤村冯家大院都是他的住所。位于歇台子的冯玉祥旧居又称"抗倭楼"，阔约百平方米，坐南朝北，有房十二间。

于右任旧居　地址：南岸区南山文峰段　现状：闲置

草书圣手于右任的旧居为一楼一底的两层楼屋，现基本闲置，破败得厉害。

杜月笙旧居　地址：南岸区南山公园内　现状：闲置

上海青帮头目杜月笙在上海沦陷前夕逃亡香港，后辗转来到重庆建立"恒社"总社。

陈诚公馆　地址：渝中区胜利路187号　现状：重庆西南信息公司职工宿舍

陈诚在重庆的公馆有两处，一处位于歌乐山山洞平正村117号，另一处则位于城内胜利路。陈诚公馆楼高三层，青砖垒砌。

唐式遵公馆　地址：金汤街85号　现状：民主同盟和九三学社的办公地

唐式遵系四军著名将领，因性格阴柔，讲话啰唆，被人称作"唐二瘟"。曾任川军刘湘部队第21军军长、国民党第33集团军总司令、第三战区副司令长官。唐公馆为三层的中西式砖木结构建筑，庭院内至今还摆放着当年的汉白玉石桌石凳。

旧时要员名人在重庆的留下的官邸旧居远不止上述若干，如北碚老舍的"多鼠斋"、梁秋实的"雅舍"、晏阳初的"晏宅"等，由于篇幅所限，恕不一一罗列。

冯玉祥旧居

于右任旧居

陈诚公馆

唐式遵公馆

后记
藏着的城市 <small>彭 弢</small>

  初涉一地，我们往往有一种新鲜的感受。其风土人情，经过一番独特的内心体味，便有了初悟，活泼泼的，只是还不太具体。倘能小住几日，行游一番，感觉自然会细腻些：民风怎样、建筑特色如何、历史文脉是否传承有序……其中大体，或不难领会的。此刻，如初试佳茗，尚未品味入微，虽得唇齿留香，到底浅淡了些。

  一座优美的、深具文化积淀的城市，是岁月的佳构，值得细细品读，且须颇费些时日才能读懂。

  人说，居住越久越能懂这城市，此话有理。但细究，不尽然的。常见有人卜居一地数十载，阅尽沧桑却"熟视无睹"，成了久住的过客，到底没有主人的心情。他们于这城市，很难说真懂的。那么，怎样才能悟得三昧呢？国画大师陈子庄先生曾言，观山须"静"，游山须"情"，方能得山之"神"。体悟山水的神气与品味城市的内韵，颇有相合之处，就在"情""静"二字。

  本书的作者，对这点深有领悟。他们和许多人一样，在一座城市生活了数十年，所不同的，正是他们兼有静心与真情。心静才能洞察幽微，有情才能物我两忘，与这城市神会。他们常感叹，这城市变化太快，快得那样匆忙，以至于岁月所精心雕琢的细节正迅速地消逝，零落成泥碾作尘，不多时，便泯灭无痕了。好在城市的文脉是极富生机的，尤其是这样历经岁月陶铸的古都！她将自己的"神"蕴藏在钢筋水泥的丛林之中。为此，他们寻踪觅迹，开始了历时多年充满叹息与惊喜的寻城之旅。一口枯井、一块老匾、一道残垣、一所教堂、一座古庙……他们在每一个细节恭听岁月的消息，他们的心绪，随那些故物的境遇或喜或忧。

二〇〇五年十二月

图书在版编目(CIP)数据

寻城记·重庆/田飞,黄波,李七渝,李果著.—北京：商务印书馆,2014(2025.9重印)
(城市家园读本)
ISBN 978-7-100-10273-5

Ⅰ.①寻⋯　Ⅱ.①田⋯②黄⋯③李⋯④李⋯　Ⅲ.①旅游指南—重庆市　Ⅳ.①K928.9

中国版本图书馆 CIP 数据核字(2013)第 210556 号

权利保留,侵权必究。

寻城记·重庆

田　飞　黄　波　著
李七渝　李　果

商 务 印 书 馆 出 版
(北京王府井大街 36 号　邮政编码 100710)
商 务 印 书 馆 发 行
北 京 中 科 印 刷 有 限 公 司 印 刷
ISBN 978-7-100-10273-5

2014 年 4 月第 1 版　　　开本 880×1260　1/32
2025 年 9 月北京第 4 次印刷　印张 10⅜
定价：78.00 元